Basiswissen Sozialwirtschaft und Sozialmanagement

Reihe herausgegeben von

Klaus Grunwald, Duale Hochschule BW Stuttgart, Stuttgart, Deutschland

Ludger Kolhoff, Fakultät Soziale Arbeit, Ostfalia Hochschule, Wolfenbüttel, Deutschland

Die Lehrbuchreihe „Basiswissen Sozialwirtschaft und Sozialmanagement" vermittelt zentrale Inhalte zum Themenfeld Sozialwirtschaft und Sozialmanagement in verständlicher, didaktisch sorgfältig aufbereiteter und kompakter Form. In sich abgeschlossene, thematisch fokussierte Lehrbücher stellen die verschiedenen Themen theoretisch fundiert und kritisch reflektiert dar. Vermittelt werden sowohl Grundlagen aus relevanten wissenschaftlichen (Teil-)Disziplinen als auch methodische Zugänge zu Herausforderungen der Sozialwirtschaft im Allgemeinen und sozialwirtschaftlicher Unternehmen im Besonderen. Die Bände richten sich an Studierende und Fachkräfte der Sozialen Arbeit, der Sozialwirtschaft und des Sozialmanagements. Sie sollen nicht nur in der Lehre (insbesondere der Vor- und Nachbereitung von Seminarveranstaltungen), sondern auch in der individuellen bzw. selbstständigen Beschäftigung mit relevanten sozialwirtschaftlichen Fragestellungen eine gute Unterstützung im Lernprozess von Studierenden sowie in der Weiterbildung von Fach- und Führungskräften bieten.

Beiratsmitglieder
Holger Backhaus-Maul, Philosophische Fakultät III, Universität Halle-Wittenberg, Halle (Saale), Sachsen-Anhalt, Deutschland
Marlies Fröse, Evangelische Hochschule Dresden, Dresden, Sachsen, Deutschland
Waltraud Grillitsch, Fachhochschule Kärnten, Feldkirchen, Österreich
Andreas Laib, Fachbereich Soziale Arbeit, Fachhochschule St. Gallen, St. Gallen, Schweiz
Andreas Langer, Department Soziale Arbeit, HAW Hamburg, Hamburg, Deutschland
Wolf-Rainer Wendt, Stuttgart, Baden-Württemberg, Deutschland
Peter Zängl, Hochschule für Soziale Arbeit, Fachhochschule Nordwestschweiz, Olten, Schweiz

Petra Merenheimo

Genderspezifische Herausforderungen der Sozialwirtschaft
Eine Einführung

Petra Merenheimo
IU Internationale Hochschule
Erfurt, Deutschland

ISSN 2569-6009　　　　　　ISSN 2569-6017　(electronic)
Basiswissen Sozialwirtschaft und Sozialmanagement
ISBN 978-3-658-41911-0　　　ISBN 978-3-658-41912-7　(eBook)
https://doi.org/10.1007/978-3-658-41912-7

Die Deutsche Nationalbibliothek verzeichnet diese Publikation in der Deutschen Nationalbibliografie; detaillierte bibliografische Daten sind im Internet über http://dnb.d-nb.de abrufbar.

© Der/die Herausgeber bzw. der/die Autor(en), exklusiv lizenziert an Springer Fachmedien Wiesbaden GmbH, ein Teil von Springer Nature 2023

Das Werk einschließlich aller seiner Teile ist urheberrechtlich geschützt. Jede Verwertung, die nicht ausdrücklich vom Urheberrechtsgesetz zugelassen ist, bedarf der vorherigen Zustimmung des Verlags. Das gilt insbesondere für Vervielfältigungen, Bearbeitungen, Übersetzungen, Mikroverfilmungen und die Einspeicherung und Verarbeitung in elektronischen Systemen.
Die Wiedergabe von allgemein beschreibenden Bezeichnungen, Marken, Unternehmensnamen etc. in diesem Werk bedeutet nicht, dass diese frei durch jedermann benutzt werden dürfen. Die Berechtigung zur Benutzung unterliegt, auch ohne gesonderten Hinweis hierzu, den Regeln des Markenrechts. Die Rechte des jeweiligen Zeicheninhabers sind zu beachten.
Der Verlag, die Autoren und die Herausgeber gehen davon aus, dass die Angaben und Informationen in diesem Werk zum Zeitpunkt der Veröffentlichung vollständig und korrekt sind. Weder der Verlag noch die Autoren oder die Herausgeber übernehmen, ausdrücklich oder implizit, Gewähr für den Inhalt des Werkes, etwaige Fehler oder Äußerungen. Der Verlag bleibt im Hinblick auf geografische Zuordnungen und Gebietsbezeichnungen in veröffentlichten Karten und Institutionsadressen neutral.

Planung/Lektorat: Katrin Emmerich
Springer VS ist ein Imprint der eingetragenen Gesellschaft Springer Fachmedien Wiesbaden GmbH und ist ein Teil von Springer Nature.
Die Anschrift der Gesellschaft ist: Abraham-Lincoln-Str. 46, 65189 Wiesbaden, Germany

Vorwort

Die Geschlechterperspektive ist in bekannten Konzepten wie Diversity Management beinhaltet, verdient aber auch als eigenständiger Einflussfaktor und Strukturkategorie gesonderte Aufmerksamkeit, nicht zuletzt wegen des großen Anteils an weiblichen Beschäftigten in der Sozialwirtschaft. Das Lehrbuch beleuchtet die Bedeutung des Geschlechts in der Sozialwirtschaft aus unterschiedlichen Perspektiven: aus der individuellen Perspektive der Beschäftigten, aus der Organisationsperspektive als Arbeitgeber*in und aus der gesellschaftlichen Perspektive als Teil eines sozial-ökologisch nachhaltigen Wirtschaftsmodells. Es werden geschlechterspezifische Ungleichheiten thematisiert und verschiedene feministische Strategien vorgestellt, die gegen die Ungleichheiten eingesetzt werden können.

Petra Merenheimo

Inhaltsverzeichnis

1 Einleitung: Analyseeinheiten, Strategien und Methoden der Geschlechterforschung 1
   1.1 Geschlecht als Kategorie: Wie lautet deine Identität? 2
   1.2 Feministische Strategien 4
       1.2.1 Gleichheitsstrategien 4
       1.2.2 Differenzstrategien 5
       1.2.3 Aufhebungsstrategien 7
   1.3 Methoden der Geschlechterforschung 9
       1.3.1 Geschlecht als Strukturkategorie: Pay Gap – ein gesellschaftlicher Zufall? 9
       1.3.2 Intersektionalität: Diversität ist mehr als Transgender ... 10
       1.3.3 Geschlecht als diskursive und soziale Praxis: Helfen und Kontrollieren will gelernt sein 14
       1.3.4 Geschlecht als soziale Praxis: Doing Gender 15
   Literatur 17

2 Die Beschäftigten und das Geschlecht 21
   2.1 Merkmale der Arbeitsmarktsegregation 22
       2.1.1 Horizontale Arbeitsmarktsegregation 22
       2.1.2 Vertikale Segregation 24
   2.2 Motivationstheoretische Grundlagen: Warum arbeite ich? 26
       2.2.1 Bedürfnishierarchie 27
       2.2.2 Motivationsquellen 28
       2.2.3 Motivationsadressat*innen: Geld oder Nächstenliebe? 29
   2.3 Segregationsbezogene Strategien 31

	2.3.1	Gleichheitsstrategien zur Bekämpfung von Segregation	31
	2.3.2	Differenzstrategien zur Bekämpfung von Segregation	33
	2.3.3	Aufhebungsstrategien zur Bekämpfung von Segregation	34
2.4		Mehrfachdiskriminierung des Personals: Nicht-binäre akademische Führungskräfte mit Behinderung oder Migrationshintergrund	36
	2.4.1	Personal mit Behinderung	37
	2.4.2	Personal mit Migrationshintergrund	39
	2.4.3	Religion und sexuelle Orientierung	42
Literatur			46

3 Entscheidungstheoretische Grundannahmen und Geschlecht 49

- 3.1 Individuelle Bedürfnisse und Entscheidungen innerhalb des Haushalts: Meine Berufswahl gehört mir! 50
  - 3.1.1 Homo Oeconomicus 51
  - 3.1.2 Entscheidungen innerhalb des Haushalts 52
- 3.2 Reflexivität: Gelerntes akademisches Privileg 54
  - 3.2.1 Reflexivität als Kompetenz 55
  - 3.2.2 Das begrenzte Wissen 57
- 3.3 Maternalismus und Sozialpädagogik: Der sanfte Weg zur Einsicht 58
- 3.4 Autonomiefördernde Meritorik und gesellschaftlicher Wandel: Wenn Männer Fürsorgeaufgaben übernehmen (würden) 60
- Literatur 64

4 Soziale Innovationen 67

- 4.1 Innovationstheoretische Grundlagen: Etwas Neues muss her 68
- 4.2 Digitalisierung: Inkrementelle öffentlichkeitswirksame Änderungen 69
  - 4.2.1 Technikdeterminismus 70
  - 4.2.2 Feministische Gleichheitsstrategie gegen den Gender Innovation Gap 71
- 4.3 Humankapitalbasierte Innovationen: Radikale leise Änderungen 73
  - 4.3.1 Soziale Innovationen im Kontext der Sozialwirtschaft 73

    4.3.2 Feministische Differenzstrategie am Beispiel von
Green Care 75
  4.4 Moral und Geschlecht einer Änderung: Positive
Änderungen für wen? 78
    4.4.1 Die dunkle Seite der sozialen Innovationen 78
    4.4.2 Kollektivität 80
  Literatur 82

5 Nachhaltige Sozialwirtschaft aus der Genderperspektive 85
  5.1 Nachhaltigkeit als Kritik zum Bruttoinlandsprodukt: Der
verpönte Konsum 86
    5.1.1 BIP und Wirtschaftswachstum 86
    5.1.2 Die ökonomische, ökologische und soziale
Nachhaltigkeit 88
    5.1.3 Feministische Kritik zu ökonomischen
Berechnungen 90
  5.2 Beschäftigung in der Sozialwirtschaft: Unbezahlte Arbeit
unserer Töchter oder schlechtbezahlte Arbeit unbekannter
Töchter? 93
    5.2.1 Die unendliche Sorgeressource im Privaten und im
Prekariat 94
    5.2.2 Die internationale Sorgekette 94
  5.3 Ökologischer Nutzen: Mama fährt kein Auto und kocht
alles selbst 96
    5.3.1 Beispiel Verkehrsverhalten 97
    5.3.2 Beispiel zeitliche Ressourcen 99
  5.4 Transformativ-feministische Ansätze 101
    5.4.1 Caring Economy 101
    5.4.2 Das Vier-in-einem-Modell von Frigga Haug 102
    5.4.3 Instrumente auf lokaler Ebene: Gender Budgeting
und Gender Impact Investing 103
  Literatur 107

Literatur 111

Einleitung: Analyseeinheiten, Strategien und Methoden der Geschlechterforschung

1

Zusammenfassung

Die Geschlechterforschung unterscheidet zwischen den zwei Analyseeinheiten biologisches *(sex)* und kulturelles Geschlecht *(gender)*. Sie ermöglichen Aussagen darüber, in welcher Form das Geschlecht die Teilhabe von Menschen am gesellschaftlichen Leben beeinflusst. Ein weiterer Bestandteil der Geschlechterforschung ist die Identifikation solcher Ungleichheiten und Ungerechtigkeiten, die auf das Geschlecht zurückzuführen sind. Wie auf die Ungleichheit oder Ungerechtigkeit reagiert werden sollte, hängt davon ab, welche Strategie verfolgt wird: die Gleichheits-, Differenz- oder Aufhebungsstrategie. Konkret können die Geschlechter und ihre Funktionsweisen in unterschiedlichsten Formen erkannt werden – in der Sprache, in der gesellschaftlichen Praxis und im konkreten alltäglichen Tun. Dementsprechend werden unterschiedliche Forschungsmethoden angewendet: statistische Methoden auf quantitative Erhebungen, ethnografische Methoden und (dekonstruktive) Textanalysen. Mit Geschlechterforschung können geschlechterspezifische Vergleiche erstellt werden. Bezeichnend für die Geschlechterforschung ist aber Intersektionalität, die Hervorhebung von Wechselwirkungen zwischen den Kategorien Geschlecht und weiteren Kategorien.

Das Konzept des Geschlechts begrenzt sich nicht auf den individuellen Körper oder das persönliche Befinden der Einzelnen, sondern umfasst auch symbolische und strukturelle Dimensionen. In diesem Kapitel wird gezeigt, wie mithilfe unterschiedlichster geschlechtertheoretischer Strategieansätze die Bedeutung des Geschlechts für die Individuen, Organisationen und die Strukturen der

© Der/die Autor(en), exklusiv lizenziert an Springer Fachmedien Wiesbaden
GmbH, ein Teil von Springer Nature 2023
P. Merenheimo, *Genderspezifische Herausforderungen der Sozialwirtschaft*,
Basiswissen Sozialwirtschaft und Sozialmanagement,
https://doi.org/10.1007/978-3-658-41912-7_1

Sozialwirtschaft dargestellt und verstanden werden kann. Es werden die feministischen Strategieansätze der Gleichheit, Differenz und Aufhebung als analytische Grundlage vorgestellt.

> **Lernziele**
>
> - Grundlegende Begriffe biologisches und soziales Geschlecht voneinander unterscheiden
> - Gerechtigkeitsstrategien Gleichheit, Differenz und Aufhebung voneinander unterscheiden
> - Methoden der Geschlechterforschung kennen
> - Bedeutung der Geschlechterperspektive für die Sozialwirtschaft erkennen

1.1 Geschlecht als Kategorie: Wie lautet deine Identität?

In der Alltagssprache wird das Wort ‚Geschlecht' sorglos benutzt. Im Allgemeinen gehen wir davon aus, dass unsere Zuhörer*innen dasselbe darunter verstehen wie wir. In den wissenschaftlichen Ansätzen wird jedoch zwischen zwei theoretischen Definitionen für den Begriff Geschlecht unterschieden: dem biologischen und dem sozialen Geschlecht. Das biologische Geschlecht (engl. *sex*) lässt sich „anhand unterschiedlicher Chromosomenkonfigurationen und Hormonhaushalte bestimmen" (Funk, 2018, S. 19). Das biologische Geschlecht unterteilt Menschen in Männer und Frauen anhand von männlichen und weiblichen humangenetischen Kriterien. Da solche biotischen Charakteristika weitestgehend unveränderbar sind, handelt es sich bei dieser Definition meistens um ein statisches Verständnis vom Geschlecht. Das biologische Geschlecht deutet somit auf die Zustandsbeschreibung eines Menschen; „jemand *ist* Mann oder Frau" (Funk, 2018, S. 19, Hervorhebung Original).

Das soziale Geschlecht dagegen deutet auf die „soziale und interaktionale Ausgestaltung der biologischen Grundausstattung" (Funk, 2018, S. 19). Da im Deutschen kein eigenes Wort für das soziale Geschlecht existiert, wurde aus dem Englischen das Wort *gender* übernommen. Mit Gender werden „die typischen Eigenschaften und Verhaltensweisen von Frauen und Männer(n)" beschrieben

1.1 Geschlecht als Kategorie: Wie lautet deine Identität?

(Wustmann, 2021, S. 205). Bei Gender handelt es sich also um eine Vorgangsbeschreibung: „jemand *verhält sich/bezeichnet sich* als Mann oder Frau" (Funk, 2018, S. 19, Hervorhebung Original).

Bei geschlechterspezifischen Beschreibungen vermischen sich die beiden Konzepte. Eine Aussage wie ‚Sie ist eine Frau' deutet zum einen aufgrund einiger äußerlicher physiologischer Merkmale, wie z. B. ihrer Körperform oder ihrer hohen Stimme, auf eine weibliche Person (Frau) hin. Zum anderen kann sich die Aussage aber auch auf die chromosomenunabhängige Erscheinung der Person beziehen; auf ihre gemachten Haare, geschminkten Augen sowie auf die Art, wie sie lächelt, wie sie sich bewegt oder redet. Mithilfe des Gender-Konzepts kann analysiert werden, welche sozialen und kulturellen Faktoren und Merkmale eine Frau definieren.

Auch die Person selbst kann von sich behaupten: ‚Ich bin eine Frau'. Dadurch definiert sie ihre Identität erstens als weiblich (Frau) im Unterschied zu männlich (Mann). Dies basiert wieder auf ihren körperlichen Eigenschaften, die aufgrund des XX-Chromosomenpaars als weiblich gelten. Sie kann sich aber auch als feminin – im Gegensatz zu maskulin – bezeichnen, z. B. aufgrund ihrer langen Haare und ihrer Vorliebe für Röcke und Kleider, die im Allgemeinen als feminine Merkmale gelten. Zusammen bilden das biologische und das soziale Geschlecht die Identität der Person ‚als Frau'. Die zwei Geschlechterkonzepte Sex und Gender stehen somit in Wechselwirkung miteinander und konstituieren sich gegenseitig. Auch die Männlichkeitsforschung hat die Ko-Konstitution zwischen Sex und Gender untersucht. Raewyn Connel gibt an, dass Sport bestimmte körperliche Eigenschaften wie Stärke, Größe und Fitness voraussetzt. Sie argumentiert jedoch, dass solche Eigenschaften durch den Einsatz des Körpers im Sport bestimmt werden – und zwar nach bestimmten sozialen (menschengemachten) Regeln, die auch den Wettstreit und die Hierarchie beinhalten (Connell, 2015, S. 105–106). Der richtige Einsatz des Körpers – anstatt des bloßen Vorhandenseins männlicher Genitalien, Chromosomen und Hormone – bestimmt somit unsere Wahrnehmung von sportlichen Männerkörpern: groß, stark und fit. Wenn die Regeln sich ändern, ändert sich auch die Wahrnehmung eines sportlichen Männerkörpers.

Kategorien wie ‚Männer' und ‚Frauen' sowie die Identitäten ‚als Mann' und ‚als Frau' können sowohl in horizontaler als auch in vertikaler Beziehung zueinanderstehen. Horizontale Beziehungen beziehen sich auf unterschiedliche, aber gleichwertige Kategorien und Identitäten. Vertikale Beziehungen deuten auf eine Hierarchie zwischen den Kategorien und Identitäten hin. Es existieren unterschiedliche Ansätze dazu, wie mit den Beziehungen umzugehen ist, um die Geschlechtergerechtigkeit zu fördern: sie ignorieren, hervorheben oder aufheben.

1.2 Feministische Strategien

Das Ziel der Geschlechterforschung ist es, geschlechterspezifische Ungleichheiten aufzudecken, zu erklären und letztendlich auch Möglichkeiten zu deren Beseitigung auszuarbeiten. Es existieren aber unterschiedliche Auffassungen zur geschlechterspezifischen Ungleichheit. Dementsprechend gibt es auch unterschiedliche Strategien, auf die Ungleichheiten zu reagieren: die Gleichheitsstrategien, Differenzstrategien und Aufhebungs- oder Transformationsstrategien.

1.2.1 Gleichheitsstrategien

Gleichheitsstrategien orientieren sich nach dem Ideal des universellen Menschseins (Pimminger, 2019, S. 48). Sie zielen unabhängig vom Geschlecht auf einen gleichberechtigten Zugang zu den materiellen Ressourcen für alle Gesellschaftsmitglieder ab. Somit liegt der Fokus dieser Strategien auf der Umverteilung von rechtlichen, wirtschaftlichen und politischen Gütern und von Macht. Das Geschlecht soll bei einer gerechten Ressourcenverteilung keine Rolle spielen.

Ein Beispiel für eine Gleichstellungsstrategie ist das „Modell der allgemeinen Erwerbstätigkeit", das in den postindustriellen Ländern bestrebt wird (Fraser, 2016, S. 84). Dieses Modell sieht vor, die Berufstätigkeit von Frauen so zu fördern, dass diese in Vollzeit arbeiten können und dadurch eine Ernährerrolle in ihrer Familie übernehmen können. Die Vollzeiterwerbstätigkeit wird durch den Aufbau von Ganztagsschulen, Kinderbetreuungseinrichtungen und anderer haushaltsbezogener Dienstleistungen ermöglicht. Diese Einrichtungen sollen die unbezahlten Tätigkeiten von Frauen übernehmen.

Eine Ernährerposition setzt eine angemessene Entlohnung der Erwerbstätigkeit voraus. Dies wird entweder durch eine höhere hierarchische Position als Führungskraft oder durch eine Tätigkeit in einem gut bezahlten Bereich wie z. B. im MINT-Bereich (mathematische, ingenieurwissenschaftliche, naturwissenschaftliche und technische Berufe) erreicht. Da diese Bereiche weitgehend von Männern besetzt sind, werden Frauen in die männlich dominierten Bereiche der Wirtschaft und Politik eingegliedert, statt die bestehenden Strukturen und Regeln zu ändern. Dies hat zur Folge, dass die männertypische in Vollzeit arbeitende Verdiener- und Ernährerrolle zur Norm wird, was gleichzeitig eine Abwertung von frauentypischen Nichtverdiener- und Fürsorgetätigkeiten bedeutet. Chancengleichheit bedeutet eine oberflächliche Umverteilung von materiellen und rechtlichen Gütern: Anstatt neue Zugänge zu neuen Ressourcen zur

Verfügung zu stellen, werden die existierenden Zugänge zu den bestehenden Ressourcen neu verteilt. Gleichheitsstrategien stehen somit vor einem Dilemma: Eine verbesserte Gleichheit der Geschlechter geht auf Kosten der femininen Tätigkeiten und Handlungsweisen. Die Identität der gleichberechtigten Frau stützt sich auf androzentrischen Regeln, wonach die Männlichkeit als Norm gesetzt wird.

1.2.2 Differenzstrategien

Während Gleichheit bedeutet, dass Frauen genauso behandelt werden wie Männer, bedeutet Differenz, dass Frauen anders als Männer behandelt werden (Fraser, 2016, S. 73). Differenzstrategien zielen darauf ab, unterschiedliche Kategorien und spezielle Handlungsweisen sichtbar zu machen: frauenspezifische Merkmale und feminine Handlungsweisen werden von männerspezifischen Merkmalen und maskulinen Handlungsweisen unterschieden. Beide Gruppen werden unterschiedlich beschrieben und dementsprechend behandelt. Irene Pimminger merkt an, dass differenzorientierte Strategien für Frauen Entfaltungs- und Handlungsräume schaffen können, die unabhängig von männlichen Strukturen sind (Pimminger, 2019, S. 49). Differenzstrategien machen die Vielfalt der Kulturen und Identitäten sichtbar. Das Ziel der Politik der Differenz ist nicht nur die positive Wertschätzung kultureller Vielfalt, sondern auch die Aufwertung missachteter Identitäten und Aufdeckung kultureller Geschlechterungerechtigkeit (Fraser, 2016, S. 53–54). Durch gezielte Aufmerksamkeit auf die Besonderheit einer Gruppe kann die kulturelle Ungerechtigkeit bekämpft werden.

Luce Irigaray, eine der bekanntesten poststrukturalistischen Differenztheoretikerinnen, bemerkt: „Vielleicht ist die Allgemeine Erklärung der Menschenrechte ein bewegender Text, aber ich als Frau fühle mich vom ersten Artikel an nicht mehr als Mensch" (Irigaray, 1991, S. 9). Damit meint Irigaray, dass sie als Frau sich von der Menschenrechtserklärung nicht angesprochen fühlt. Völlig blind gegenüber geschlechterspezifischen Unterschieden werde der Mensch dort abgebildet. Die Blindheit wiederholt sich in tagtäglichen Interaktionen. Die Ausbeutung des weiblichen Körpers in den Medien ist für Luce Irigaray nur eines von vielen Beispielen der gesellschaftlichen Blindheit gegenüber der Geschlechterdifferenz: Die Art, wie Frauenkörper in den Medien behandelt werden dürfen, ist im Umgang mit Männerkörpern nicht erlaubt (Irigaray, 1991, S. 9).

Homosexuelle Emanzipationsbewegungen sind dadurch, dass sie die homosexuelle Kultur und Identität gegenüber der heterosexuellen Kultur und Identität hervorheben, ein weiteres Beispiel für Differenzstrategien. Diese Bewegungen haben gezeigt, dass die Sozialstruktur und die Familienverhältnisse auf dem Zwei-Geschlechter-System, das homosexuelle Identitäten und Familien missachtet, beruhen. Eine eigene Kategorie für Homosexuelle dagegen bietet Zugehörigkeiten, die innerhalb des dominanten Systems nicht vorhanden sind (vgl. Chmielorz, 2017, S. 247).

Nur selten erleben wir eine vollständig positive Wertschätzung kultureller Vielfalt. Stattdessen werden verschiedene Identitäten in aller Regel unterschiedlich wertgeschätzt. Durch Benennung und Hervorhebung missachteter Kategorien können jedoch deren Besonderheiten offen dargelegt und diesen so gesellschaftlicher Respekt erwiesen werden. Dadurch kann die Differenzstrategie Hierarchien zwischen den einzelnen hervorgehobenen Kategorien und Identitäten abbauen.

Die Differenzstrategien sind wertvolle Instrumente, um die Emanzipation der missachteten Gruppen zu stärken und ihre gesellschaftliche Anerkennung zu fördern. Es gibt jedoch eine ganze Reihe von Kritik gegenüber der bestrebten gesellschaftlichen Anerkennung durch Differenzierung. Lois McNay kritisiert die der Strategie zugrunde liegende Annahme, wonach den Menschen Handlungsräume und Möglichkeiten erschaffen werden sollen, um ihre authentische Identität erleben zu können (McNay, 2008, S. 9). Das Konzept der authentischen Identität geht von der Existenz einer individuellen Identität einer Person aus, die sie finden und ausleben dürfen soll. Differenzstrategien, die auf authentischen und eindeutigen Kategorien wie weiblichen, männlichen, heterosexuellen oder homosexuellen Identitäten beruhen, stehen der essentialistischen Erkenntnistheorie nahe. Diese Theorie geht davon aus, dass „jeder Mensch etwas wie ein unveränderliches Wesen hat und entweder der Kategorie ‚Frau' oder der Kategorie ‚Mann' zugeordnet" wird (Funk, 2018, S. 8). Essentialistische Strategien bestehen auf von Natur aus vorhandenen Identitäten und ignorieren ihre Konstitution von außen. Eine ‚Frau' kann somit von Natur aus als harmonischer als ein ‚Mann' gelten, unabhängig von den individuellen Eigenschaften der Person selbst. Die Gefahr hierbei ist die romantische Idealisierung der Frau.

Laut Nancy Fraser handelt es sich bei der Politik der Differenz um eine affirmative Anerkennungsstrategie, die die bestehenden Kategorien und Gruppenidentitäten eher bekräftigt als behebt (Fraser, 2016, S. 55). Es wird zwar für die unterschiedlichen Stile und Identitäten von Männern und Frauen Gehör und Respekt geschaffen, die Strategie selbst agiert aber oberflächlich. Durch die Offenlegung der besonderen Herausforderungen und Bekanntmachung von Leistungen, die Frauen in der Arbeitswelt erleben und erbringen, kann die Weiblichkeit zwar aufgewertet werden. Die Strategie selbst vollzieht sich aber innerhalb der existierenden Strukturen, dem binären Mann-Frau-Code (Fraser, 2016,

1.2 Feministische Strategien

S. 58). Auch Irene Pimminger bemerkt, dass die Differenzstrategien auf eine althergebrachte Geschlechterordnung aufsetzen, wodurch „Unterschiede zwischen Frauen, die etwa nach Klasse und Ethnizität verschieden situiert sind, eingeebnet" werden (Pimminger, 2019, S. 49). Es entstehen somit augenscheinlich homogene Gruppenidentitäten, die aber die gruppeninterne Heterogenität verschleiern und letztendlich sogar einengend und disziplinierend auf ihre Mitglieder wirken können.

Auch die Differenzstrategien befinden sich somit in einem Dilemma: Mit ihrem Ziel, missachtete Kategorien aufzuwerten, bekämpfen sie zwar gesellschaftliche Vorurteile und ungerechte Rollenbilder, stehen dabei aber selbst in der Gefahr, neue Kategorien und Rollenbilder zu essentialisieren (Kuster, 2019, S. 8).

1.2.3 Aufhebungsstrategien

Um Essentialismus und Androzentrismus bei der Bekämpfung von Ungerechtigkeiten zu vermeiden, wurden feministische Aufhebungsstrategien entwickelt. Das Ziel der Aufhebungsstrategien ist es, existierende Strukturen und Geschlechterkategorien zu destabilisieren, ohne dabei neue aufzustellen. Die Aufhebungsstrategien basieren auf der konstruktivistischen Weltanschauung, die als Gegenteil zum Essentialismus bezeichnet werden kann. Im Konstruktivismus werden alle Kategorien, die die Realität bezeichnen oder repräsentieren, als menschengemachte Konstrukte verstanden. Diese können sowohl verbale als auch nonverbale performative Konstrukte sein: die Sprache, Bewegung, Aussehen etc. Die Welt, so wie wir sie als Realität sehen, riechen und fühlen, existiert also, aber deren Bezeichnung und Benennung basiert auf menschengemachten Konventionen.

Feministische postmoderne Theoretiker*innen argumentieren, dass die Geschlechteridentität einer Person auf der Differenz zwischen ihrem realen Dasein (Geschlechtsteile) und der menschengemachten Bezeichnung dafür (Mann/Frau) basiert. Sie verneinen keineswegs die Existenz von zwei Formen der menschlichen Fortpflanzungsorgane, aber sie kritisieren, dass die Verknüpfung zwischen der Realität und der Repräsentation arbiträr und einengend ist. Fortpflanzung als biologische Realität und die Zweigeschlechtlichkeit (Mann und Frau) sind miteinander verknüpft: Die Zweigeschlechtlichkeit repräsentiert aber nur die Fortpflanzung und unsere Fokussierung auf die Fortpflanzung teilt die Menschheit in nur zwei Geschlechter ein.

Solche binären Kategorien sind aus verschiedenen Gründen problematisch. Erstens gilt ein Mensch, der sich nicht heterosexuell fortpflanzt, lediglich als Nicht-Frau und Nicht-Mann – und somit ohne eigene (konventionelle) Geschlechtsidentität innerhalb des binären Systems. Zweitens schließen die Identitätskategorien immer etwas aus und grenzen somit die Freiheit der Menschen ein.

Feministische Theorien, die auf Dekonstruktion basieren, stützen sich auf Theoretiker wie Friedrich Nietzsche, Jacques Derrida und Michel Foucault. Sie postulieren somit, dass die (Geschlechter-)Identität das Ergebnis der Repräsentation ist und nicht deren Ursprung. Die Art, wie in der Gesellschaft über die Homo-/Heterosexualität gesprochen wird, produziert Geschlechteridentität(en), die den Menschen zur Verfügung stehen und die sie für sich aussuchen. "There is no gender identity behind the expressions of gender; that identity is performatively constituted by the very 'expressions' that are said to be its results" (Butler, 2002, S. 33). Dies bedeutet, dass gar keine authentischen Identitäten existieren. Mehr noch; Identitäten können nie vollkommen abgeschlossen werden, da die Repräsentationen (das Gesprochene, das Tun) diese ständig weiter (re-)produzieren.

Aufhebungsstrategien beruhen somit auf der Erkenntnis, dass es sich um zwei verschiedene Entitäten handelt – die Realität und die Repräsentation –, was die Destabilisierung dieser Verknüpfung möglich macht (Funk, 2018, S. 80–81). Für Judith Butler ist die Repräsentation ein Sprechakt, ein aktives Tun, das die Wirklichkeit gestaltet. Wenn der Sprechakt dekonstruiert wird, verschwindet die Grundlage für die Verknüpfung zwischen der Repräsentation und Realität (Butler, 2002, S. 33). Es lassen sich neue, alternative Verknüpfungen bilden. Destabilisierung geschieht durch Dekonstruktion des Gesprochenen, das eine Kategorie (Mann/Frau/heterosexuell/homosexuell) repräsentiert. Die Dekonstruktion stellt alles Gesagte infrage, indem sie untersucht, wie gesprochen wird: mit welchen Adjektiven, Subjektiven und Verben. Durch alternative Begriffe kann die Ambivalenz des Gesprochenen offengelegt werden und die existierenden Kategorien können aufgehoben werden.

Das Ziel der Aufhebungsstrategien ist es nicht, vernachlässigte Kategorien sichtbar zu machen, wie die Differenzstrategien es tun. Stattdessen beabsichtigen sie, alle Kategorien zu destabilisieren. So problematisieren z. B. die Queer Studies die Identität der Homosexuellen, statt Identitätszuschreibungen wie ‚Schwule' oder ‚Lesbe' zu produzieren (Schößler, 2008, S. 112). Aufhebungsstrategien zeigen, dass keine der konventionellen Kategorien und Identitäten statisch und absoluter Natur ist, sondern von Menschen gemacht. Durch diese Erkenntnis können Menschen die Kategorien somit auch abbauen und an mehr Freiheit und Selbstbestimmung gelangen. Das Dilemma der Aufhebungsstrategien entsteht aber daraus, dass die totale Aufhebung aller Kategorien oft auch die politische

Macht von Gruppen schwächt: Welche politischen Ziele haben die Menschen gemein – ganz ohne Gruppenzugehörigkeiten und -besonderheiten?

1.3 Methoden der Geschlechterforschung

Geschlechterspezifische Analysen können mit unterschiedlichen Methoden und auf unterschiedlichen Ebenen durchgeführt werden. Dabei wird auch das Geschlecht unterschiedlich erfasst: als strukturierende Kategorie, als Wechselwirkung von Kategorien oder als Praxis.

1.3.1 Geschlecht als Strukturkategorie: Pay Gap – ein gesellschaftlicher Zufall?

Große quantitative Erhebungen erfassen oft das Geschlecht als eine unabhängige Variable ähnlich wie die demografischen Daten wie Alter und Familienstand, die andere (abhängige) Daten wie z. B. die Zeitverwendung oder das Einkommensniveau erklären. So hat das Statistische Bundesamt eine Befragung durchgeführt, um die durchschnittliche tägliche Zeitverwendung von Personen ab zehn Jahren in unterschiedlichen Aktivitäten nach Geschlecht zu erheben. Die Daten verdeutlichen den geschlechterspezifischen Unterschied in der unbezahlten Haushaltsführung und Betreuung der Familie. Während Männer dafür täglich 2 h 24 min Zeit verwendeten, betrug die Zeit bei Frauen deutlich mehr, nämlich 3 h 49 min. Dafür arbeiten Frauen gut eine Stunde weniger als Männer (Statistisches Bundesamt Destatis, 2015, S. 11).

Die Daten zur Haushaltsführung und Erwerbstätigkeit deuten auf einen geschlechtlich organisierten Arbeitsmarkt hin. Es handelt sich dabei um eine Organisation des Arbeitsmarktes, die die Partizipation von Frauen am Arbeitsmarkt einschränkt, Männern hingegen die volle Integration in und zeitliche Verfügbarkeit für den Erwerbsarbeitsmarkt ermöglicht (Bauhardt, 2019, S. 258). Das Geschlecht agiert somit auf gesellschaftlichem Niveau und strukturiert den Arbeitsmarkt und die Erwerbsmöglichkeiten von Individuen.

Ein weiteres Beispiel für solche Strukturierung ist die geschlechterspezifische horizontale Segregation des Arbeitsmarktes, was die Aufteilung der Erwerbstätigkeiten in sogenannte Frauen- und Männerberufe bedeutet. Das Phänomen ist weltweit bekannt. Überall auf der Welt sind die sozialen und die erzieherischen Tätigkeiten typische Frauenberufe, während die Ingenieur- und Bauberufe typische Männerberufe sind.

Das Geschlecht kann somit als eine Strukturkategorie verstanden werden. Die Strukturierung bezeichnet nicht notwendigerweise die Existenz von Ungerechtigkeit. Es wird häufig argumentiert, dass die Individuen ihre Entscheidungen frei treffen können; dass es auf einer individuellen Entscheidung basiert, sich mehr für den Haushalt und weniger für die Karriere zu engagieren. Die Daten deuten jedoch eher auf eine normative Zuständigkeit der Frauen für die Haushaltsführung hin als auf einheitliche individuelle Entscheidungen der Frauen, die zufällig identisch ausfallen. Und solche normativen Regeln engen die Entscheidungsfreiheit von Individuen ein. Christine Bauhardt argumentiert, dass sich für Frauen die normative Zuständigkeit für die soziale Reproduktion als Zugangsbarriere zum Arbeitsmarkt erweist, bei Männern dagegen eine zusätzliche und freiwillige Leistung darstellt (Bauhardt, 2019, S. 258).

Letztendlich haben die geschlechtlich organisierten Strukturen somit konkrete und materielle Auswirkungen auf die Individuen. Da Frauen wegen ihrer Verpflichtungen im Haushalt weniger Zeit für die Erwerbstätigkeit haben als Männer, spricht man von einem Gender Time Gap und von einem Gender Care Gap. Diese, zusammen mit der horizontalen Segregation, führen zum niedrigeren Einkommensniveau und somit zum Gender Pay Gap und bei Menschen im Rentenalter letztendlich zum Gender Pension Gap. Für sozialwirtschaftliche Organisationen ist dieses Phänomen von hoher Relevanz, da 77 % der sozialversicherungspflichtig Beschäftigten im Gesundheits- und Sozialwesen Frauen sind. 42 % von ihnen arbeiten in Teilzeit (Bundesagentur für Arbeit, 2021, S. 14).

1.3.2 Intersektionalität: Diversität ist mehr als Transgender

Während statistische Erhebungen die Existenz von Ungleichheiten zwischen Geschlechtern numerisch aufdecken, kann mithilfe der Intersektionalität beschrieben und erklärt werden, in welcher *Form* die Ungleichheiten sich zeigen und was sie für die unterschiedlichen Menschen bedeuten. Darüber hinaus kann untersucht werden, warum und durch welche Praktiken Ungleichheiten aufrechterhalten und verstärkt werden.

Im Fokus der Intersektionalität stehen die Diversität der Menschen und zwei grundlegende Prinzipien, wie diese wissenschaftlich erfasst wird. Erstens beruht Intersektionalität auf der Erkenntnis, dass neben den verschiedensten Geschlechtern viele andere kategorienbildende Merkmale wie z. B. die Ethnie, sexuelle Orientierung, Klasse, Alter oder Beeinträchtigung existieren. Da alle Menschen eine Kombination aus diesen und noch unendlich vielen weiteren Kategorien markieren, wird deren umfassende Analyse mit statistischen Methoden immer

1.3 Methoden der Geschlechterforschung

unzuverlässiger. Es entstehen nämlich unendlich viele unterschiedliche Kategorienkombinationen wie z. B. ‚junge Frauen mit einer Beeinträchtigung und mit zwei Kindern und einem älteren Mann mit Migrationshintergrund', ‚Frauen Mitte 30 mit einem Kind mit einer Beeinträchtigung und einem jungen Mann', ‚ältere Frauen mit einem Mann mit einer Beeinträchtigung' usw. Jede zusätzliche Kategorie wie die Einkommenshöhe, Ausbildung oder Konfession würde die Generierung eines umfassenden und allgemein einsetzbaren Erklärungsmusters unmöglich machen (Funk, 2018, S. 56). Bei den Analysen müssten einige Kategorien ausgeschlossen werden, was gleichzeitig eine Priorisierung anderer Kategorien bedeuten würde.

Zweitens betont Intersektionalität, dass die Kategorien gleichzeitig aufeinanderwirken. Die Kategorien können also nicht unabhängig voneinander betrachtet werden, sondern immer nur in Kombination miteinander. Intersektionalität untersucht deswegen komplizierte multiple Kategorienkombinationen, fokussiert sich aber dabei auf Prozesse und Strukturen, die diese Kombinationen gestalten, sowie auf individuelle Erfahrungen innerhalb von solchen Prozessen. Intersektionalität berücksichtigt also eine Vielzahl von Kategorien, anstatt einige von ihnen als die Hauptursache für Probleme zu bezeichnen. Gründe für die Benachteiligung transgeschlechtlicher Menschen (z. B. als Führungskräfte) müssen also nicht allein in ihrem Geschlecht (Mann/Frau/Transmensch/Divers) liegen, sondern in der Kombination des Geschlechts mit der sexuellen Orientierung oder wie diese praktiziert wird (hetero-, homo-, bi- oder pansexuell). Im Gegenteil; intersektionale Analysen zeigen, wie die Priorisierung einzelner Kategorien zur Homogenisierung der Vielfalt führt. Intersektionalität kann gut für die dekonstruktivistischen Aufhebungsstrategien eingesetzt werden, da sie die existierenden statischen Kategorien ablehnt.

Diversität beruht auf der Heterogenität von menschlichen Eigenschaften. Die Heterogenität als Begriff wiederum basiert immer auf der Differenz zu etwas anderem (Walgenbach, 2017, S. 13). Die Diversität von Gruppen kann also nicht eigenständig als solche existieren, sondern sie wird erst durch den Vergleich mit jemand anderem erkannt: Niemand ist allein anders. Diskriminierung kann nicht ohne den Vergleich mit etwas anderem zustande kommen. Ein diskriminierter Mensch ist immer in einer schlechteren Position als ein anderer Mensch.

Ein Mensch kann mehrfach diskriminiert werden, z. B. aufgrund seines Geschlechts und seiner Ethnie. Da Diversität und die damit verbundene Diskriminierung nur durch einen Vergleich mit anderen Menschen festgestellt werden kann, wird die Mehrfachdiskriminierung als eine additive Diskriminierung verstanden: Eine schwarze Frau kann erstens als Frau (im Vergleich zu Männern) und zweitens als Schwarze (im Vergleich zu Weißen) diskriminiert werden.

Eine ‚schwarze Frau' kann somit nur mehrfach diskriminiert werden, wenn die Ungleichheiten bezogen auf die Hautfarbe und das Geschlecht existieren. Der Intersektionalitätsansatz bietet aber einen einzigartigen Blickwinkel zum Verständnis von Mehrfachdiskriminierung. Er ist als Kritik zu dem additiven Konzept der Diskriminierung entstanden und behauptet, dass eine schwarze Frau aufgrund ihres Geschlechts und ihrer Hautfarbe sehr wohl diskriminiert werden kann, auch wenn keine anderen Frauen und keine anderen Schwarzen diskriminiert würden. Kimberlé Crenshaw zeigte mit Beispielen aus der US-amerikanischen Rechtsprechung, wie die Diskriminierung von schwarzen Frauen unsichtbar bleibt, wenn die einzelnen Merkmale wie Geschlecht, Ethnie, Hautfarbe oder Religion getrennt voneinander betrachtet werden. Denn mit wem soll die ‚schwarze Frau' verglichen werden; mit ‚Mann', ‚Frau', ‚weißer Frau' oder mit ‚schwarzem Mann'? Crenshaw zeigte, dass solche Vergleiche äußerst problematisch sind. Das US-Gericht konnte nämlich nicht überzeugt werden, dass am betroffenen Arbeitsplatz generell Frauen diskriminiert wurden, auch nicht, dass generell Schwarze diskriminiert wurden. Folglich konnte sich die Gruppe der schwarzen Frauen weder auf Sexismus noch auf Rassismus berufen und somit auch keine Klage wegen Diskriminierung einreichen. Für Crenshaw war das ein Beweis dafür, dass die additive Sichtweise nicht solche Formen von Diskriminierung erfassen kann, die in der Interaktion von gesellschaftlichen Machtverhältnissen wie z. B. Rassismus und Sexismus entstehen. Diese Diskriminierungsformen können völlig neuartige Charakteristika aufweisen, die bisher keine andere Gruppe erfahren hat. Es handelt sich dabei um konkrete gesellschaftliche Situationen, wo das Leben von Menschen auf unterschiedliche Weise durch sexistische, klassistische, rassistische und bodyistische Verhältnisse gleichzeitig geprägt wird (Ganz & Hausotter, 2020, S. 15). Die Kernaufgabe der Intersektionalität ist es, diese Verhältnisse und ihre Diskriminierungseffekte ernst zu nehmen, sie sichtbar zu machen und zu beheben.

Intersektionale Analysen basieren selten auf großen statistischen Datenmengen. Die komplexen Wechselwirkungen in lokalen, speziellen Organisationen und Aktivitäten können besonders gut mit Fallstudien und ethnografischen Forschungsmethoden untersucht werden (zum Beispiel Acker, 2006, 2012). Intersektionalität wird aber auch bei der Analyse von größeren Mengen an Textdokumenten oder Interviewmaterial eingesetzt. Im Rahmen des Forschungsprojekts von Fastabend und Wildfeuer (2022) wurden Zeitungsartikel und Onlinemedien zur Kölner Silvesternacht 2015 analysiert. Die Ergebnisse zeigen, wie die öffentliche Diskussion in Bezug auf Kulturalität und Sexualität zur Stereotypisierung von männlichen Migranten führte, da sexuelle Gewalt gegen Frauen nach den Ereignissen in Köln als kulturelles Phänomen abgebildet und die Täter als eine

1.3 Methoden der Geschlechterforschung

homogene Gruppe dargestellt wurden. „Sexualisierte Gewalt durch geflüchtete Männer wurde so in den Zusammenhang von Kultur und Religion gestellt und als kulturelles Phänomen klassifiziert, wohingegen bei deutschen Männern das Motiv für sexualisierte Gewalt in individuellen Zügen gesucht und pathologisch begründet wurde" (Fastabend & Wildfeuer, 2022, S. 347). Die (fremde) Kulturzugehörigkeit wurde über andere mögliche Kategorien priorisiert, wie z. B. über den Bildungsstand.

Shari Adlung und Annabella Backes haben wissenschaftliche Medienanalysen zum Thema ältere Frauen in den Medien bewertet. Sie bemerken, dass die Wechselwirkung zwischen den Kategorien Geschlecht und Alter in den Medien dazu geführt hat, dass die „Hochaltrigen in Frauenzeitschriften praktisch unsichtbar geworden sind: Je älter Frauen werden, desto geringer ist die Wahrscheinlichkeit medialer Sichtbarkeit" (Adlung & Backes, 2021, S. 82). Adlung und Backes argumentieren weiter, dass dies mit der medialen Darstellung der Aktivität, gelungenen Sexualität und Attraktivität zusammenhängt. Aktives Sexualleben bei Frauen hängt mit bestimmten Attributen wie z. B. allgemeiner Aktivität und Fitness zusammen und Attraktivität mit Jugendorientiertheit und alterslosem Aussehen. Diese Eigenschaften werden bei hochbetagten Frauen nicht gesehen, wodurch sich ihre mediale Unsichtbarkeit erklären lässt. Mit der intersektionalen Perspektive wird erkannt, dass sowohl Frauen als auch alte Menschen in den Zeitschriften abgebildet werden. Auch die Kombination ‚alte Frauen' wird abgebildet. Weder ‚Frauen' oder ‚alte Menschen', nicht mal ‚alte Frauen' werden diskriminiert. Erst die Wahrnehmung der Attraktivität als jugendorientiert wirkt gegenüber solchen hochbetagten Frauen, die diesem Muster nicht entsprechen, ausgrenzend. Die Diskriminierung ist dabei nicht unbedingt bewusst oder auf die Redaktion zurückzuführen, sondern kann sogar von den Frauen selbst unterstützt werden; vielleicht wollen sie dort gar nicht fotografiert werden.

Für die sozialwirtschaftlichen Organisationen bietet die Intersektionalität interessante Anwendungsmöglichkeiten, u. a. bei der Personalentwicklung und Leistungsplanung. Die Entdeckung von Wechselwirkungen zwischen den (gesellschaftlichen) Kategorien wie z. B. Geschlecht und Alter zeigt Möglichkeiten, auf die Ausgrenzungen zu reagieren. So könnten sie z. B. die Beziehung zwischen gelungener Sexualität und Attraktivität neu gestalten.

1.3.3 Geschlecht als diskursive und soziale Praxis: Helfen und Kontrollieren will gelernt sein

Die Entstehung, Reproduktion und Transformation von Geschlecht und Geschlechterverhältnissen kann sowohl innerhalb diskursiver als auch sozialer Praktiken beobachtet und untersucht werden. Mit Diskurs sind die „interaktive Aushandlung von Sinn zwischen mehreren Kommunikationspartnern" und übersituative und überindividuelle Praktiken gemeint (Traue et al., 2019, S. 565). Ursprünge und der Verlauf der Diskurse sind also nicht auf individuelle Menschen, ihre Intentionen oder Meinungen zurückführbar.

In der sozialwissenschaftlichen Diskursforschung liegt der Fokus meist auf der Produktion von Wissen und Macht. Laut Michel Foucault formen die überindividuellen Diskurse unterschiedliche legitime Sprecherpositionen (Foucault, 1969). Die Analyse solcher Sprecherpositionen zeigt auf, wer im Diskurs als Experte gehört wird und wer ausgeschlossen bleibt (Traue et al., 2019, S. 576). Gayatri Chakravorty Spivak (1994) zeigt in ihrem Aufsatz „Can the subaltern speak?", wie Diskurse auch solche Subjektpositionen konstruieren können, in denen das Sprechen gänzlich verweigert wird. Spivak argumentiert anhand des Verbots der Witwenverbrennung in Indien, dass die öffentliche Diskussion den Witwen selbst gar keine sprechende Position erlaubte. Sowohl die britische Kolonialverwaltung als auch die indigenen Eliten gaben zwar an, für die Witwen zu sprechen. Die britische Verwaltung wollte die Witwen (und generell die Frauen) beschützen; „to save the brown women from the brown men". Ihre Aussage zum Verbot der Witwenverbrennung begründeten sie mit dem Schutz der Frau. Spivak argumentiert, dass der Schutz der Frauen vor ihren Landsmännern für die britische Kolonialverwaltung somit eine zivilisierte und „gute Gesellschaft" bedeutete. Die indigenen Eliten dagegen argumentierten, dass die Witwen sterben wollten; „the women wanted to die" (Spivak, 1994, S. 93). Die Selbstverbrennung auf dem Scheiterhaufen des verstorbenen Ehemannes gilt nämlich im Hinduismus (Dhamasastra) nicht als Selbstmord, der sonst streng verboten ist, sondern als eine Ausnahmemöglichkeit zum erlaubten Selbsttod auf dem Weg zum höheren Bewusstsein – eine Art von Anerkennung, die sonst nur Männern vorbehalten ist (Spivak, 1994, S. 96–97). Die indigenen Eliten wollten die Entscheidungsfreiheit der Witwen schützen, indem sie ihren Mut, ihre Reinheit, Liebe und Stärke betonten. Der öffentliche Diskurs über die Witwenverbrennung gestaltete sich also als Dialog zwischen diesen beiden Argumentationslinien, wobei die beiden Parteien behaupteten, die Witwen vertreten zu wollen. Allerdings blieb dabei den Witwen

1.3 Methoden der Geschlechterforschung 15

selbst gar keine Sprecherrolle. Stattdessen wurde ihnen entweder die Opferposition (mit Rettung durch die Kolonialmacht) oder die Position einer heroischen, außergewöhnlichen Frau (mit Tod) angeboten.

Das Beispiel von Spivak zeigt, dass die Hilfemaßnahmen (bewusst oder unbewusst) von bestimmten Positionen aus ausgeübt werden. Auch die sozialwirtschaftlichen Organisationen planen ihre Hilfemaßnahmen gemäß ihrem Leitbild. Gender und Queer Studies betonen aber, dass die Positionen erstens einengend und exkludierend wirken, da sie viele alternative Perspektiven ausgrenzen. Sie betonen weiterhin, dass auch die Wissenschaft und die Wissenschaftler*innen nicht frei von verinnerlichten situativen Perspektiven sind. Die Theoretiker*innen stellen die Annahme der wissenschaftlichen Objektivität gänzlich infrage.

Um die Situiertheit des Wissens zu erkennen, betonen die Geschlechterforscher*innen die systematische kritische Reflexion der eigenen Position der Forschenden selbst. Eine kritische Reflexion hinterfragt hierarchische Strukturen und Autoritäten (Jahncke et al., 2019, S. 75), was auch für die Akteur*innen in der Sozialwirtschaft wegen des doppelten Mandats notwendig ist. Reflexion kann mit dem Konzept der Beobachtung zweiter Ordnung von Niklas Luhmann verstanden werden: die Beobachtung davon, wie die Akteur*innen selbst ihre Umwelt beobachten (Rosa et al., 2018, S. 187). Eine konkrete Reflexionsmethode ist das Lerntagebuch, bei dem die eigenen Beobachtungen und Vorgehensweisen zuerst geschrieben werden (Beobachtung 1. Ordnung). In der zweiten Runde (Beobachtung 2. Ordnung) werden die eigenen Notizen gelesen und mithilfe von Fragen analysiert: „Was habe ich beobachtet? Wie bin ich vorgegangen"? (Jahncke et al., 2019, S. 100). So wird den Hilfeplanenden deutlich, welche Maßnahmen sie selbst als natürlich ansehen und welche Probleme sie besonders hervorheben. Letztendlich soll ihnen dadurch klar werden, aus welcher Position sie selbst die gesellschaftlichen Probleme beobachten und bewerten: z. B. aus der Position der privilegierten weißhäutigen männlichen Position, der privilegierten weißen weiblichen Position oder der nicht-weißen weiblichen Position usw.

1.3.4 Geschlecht als soziale Praxis: Doing Gender

Geschlechter und Geschlechterverhältnisse werden nicht nur diskursiv, sondern auch in der sozialen Praxis, d. h. in Routinen und anderen wiederholenden Tätigkeiten im Alltagshandeln hergestellt. Die geschlechterspezifische Analyse geschieht hier durch Beobachtung und Erfassung von solchen Routinen.

Genauso wie die diskursive Praxis ist auch die soziale Praxis „zwar spezifisch, konkret, in ihrem Ereignen singulär, aber (…) nicht individuell" (Völker,

2019, S. 509). Die technischen Regeln für Arbeitsstätten (ASR A4.1 Ziff. 4 Abs. 6 Satz 1) schreiben zum Beispiel vor, dass für weibliche und männliche Beschäftigte getrennte Sanitärräume einzurichten sind. Beim Aufsuchen einer öffentlichen Toilette werden die Menschen dann dazu geleitet, sich systematisch eins von den beiden Geschlechtern, Mann oder Frau, auszuwählen. Das Wählen geschieht hier sichtbar für alle anderen, und zwar durch konkrete Körperbewegungen; dem Gang zu und dem Öffnen einer der beiden Toilettentüren. Durch diese performierten Aktionen wird die geschlechtliche Zweiteilung anerkannt, akzeptiert und umgesetzt; es geschieht ein ‚Doing of gender'. Die Existenz zweier unterschiedlicher öffentlicher Toiletten spiegelt somit die soziale Praxis der Zweigeschlechtlichkeit wider, befestigt diese und wird von den Individuen durch ihr Wahlverhalten weiterbefestigt. Die individuelle Wahl zwischen einer Damen- und einer Herrentoilette kann aber nicht auf individuelle Intentionen oder Präferenzen zurückverfolgt werden, sondern auf gelernte und verinnerlichte soziale Regeln.

Meistens sind soziale Praktiken so stark (unbewusst) verinnerlicht worden, dass erst ein konkretes Problem die Menschen dazu zwingt, die Praxis und ihre Folgen zu reflektieren. Ein konkretes Problem bei unserem Toilettenbeispiel betrifft Trans- und intergeschlechtliche Menschen, deren Geschlechteridentität eine andere ist als das offizielle Geschlecht auf ihrem Personalausweis, auf dem das dritte Geschlecht ‚divers' oder gar kein Geschlecht angegeben wird. Die eigene Geschlechteridentität wird im Allgemeinen durch das eigene Aussehen gelebt und nach außen kommuniziert. Wenn sich die Transmenschen nun erwartungsgemäß verhalten und eine Toilette aufsuchen, die ihrem offiziellen Geschlecht – aber nicht ihrer eigenen Geschlechteridentität – entspricht, fallen sie durch ihr von der Geschlechternorm abweichendes Aussehen auf. Wenn sie dagegen diejenige Toilette besuchen, die ihrer Geschlechteridentität entspricht, fallen sie durch ihr gendergerechtes Aussehen nicht auf. Sie befolgen die sozialen Regeln und verhalten sich so, dass ihr Aussehen und ihre Geschlechteridentität im Einklang miteinander stehen. Sie verletzen dabei aber die offiziellen Regeln, wonach das offizielle Geschlecht die Wahl der Toilette bestimmt.

Für die Transmenschen sind ernsthafte mentale Probleme, Stress sowie Angst um die eigene Sicherheit die Folgen des Dilemmas (Platt & Milam, 2018, S. 199). Greta Schabram bemerkt, dass viele intergeschlechtliche Kinder von Beginn an erleben, nicht richtig zu sein, da sie nicht in die binäre Ordnung passen (Schabram, 2017, S. 16). Das Beispiel zeigt somit einen mit dem starren binären Zweigeschlechtlichkeitssystem verbundenen geschlechterbezogenen Ungerechtigkeitsaspekt. Durch die Erkenntnis der Ungerechtigkeit kann die eigene Praxis kritisch unter die Lupe genommen werden und es kann festgestellt werden, dass es Alternativen zu geschlechtlich definierten normativen Praktiken gibt. In den sozialwirtschaftlichen Organisationen können z. B. alle solche Praktiken identifiziert werden, in die eine Zuordnung zu einem der beiden Geschlechter, Mann oder Frau, eingebaut ist. Der Sinn und die Notwendigkeit dieser Zuordnung kann anschließend kritisch überprüft werden.

Literaturempfehlung zur Vertiefung
Kuster, F. (2019). Mann – Frau: Die konstitutive Differenz der Geschlechterforschung. In B. Kortendiek, B. Riegraf, & K. Sabisch (Hrsg.), *Handbuch Interdisziplinäre Geschlechterforschung 65* (S. 3–12). Springer Fachmedien Wiesbaden. https://doi.org/10.1007/978-3-658-12496-0_3.

Schößler, F. (2008). *Einführung in die Gender Studies*. Akademie Verlag. https://doi.org/10.1524/9783050049649.

Fragen zur Übung und Kontrolle des Lernerfolgs:

- Wie würden Sie Ihre Geschlechteridentität mithilfe von biologischen und kulturellen Merkmalen beschreiben?
- Welcher Strategie befolgen Sie bei der Bekämpfung von geschlechterbezogenen Ungleichheiten?
- Welche Wechselwirkungen können Sie zwischen Geschlecht, Erwerbstätigkeit und Haushaltsführung beobachten?
- Welche Praktiken in Ihrer sozialen Umgebung (Studienort, Arbeitsorganisation, Sportverein) beinhalten eine Zuordnung der Klient*innen, Mitglieder oder Belegschaft zum einen der beiden Geschlechter Mann oder Frau?

Literatur

Acker, J. (2006). Inequality regimes: Gender, class, and race in organizations. *Gender & Society, 20*(4), 441–464. https://doi.org/10.1177/0891243206289499.
Acker, J. (2012). Gendered organizations and intersectionality: Problems and possibilities. *Equality, Diversity and Inclusion: An International Journal, 31*(3), 214–224. https://doi.org/10.1108/02610151211209072.
Adlung, S., & Backes, A. (2021). (Un)Sichtbarkeiten alternder Körper in Wissenschaft und Medien: Eine Analyse der intersektionalen Verflechtungen von Alter, Geschlecht und BeHinderung. *Medien & Altern Zeitschrift für Forschung und Praxis, Heft 18*.
Bauhardt, C. (2019). Feministische Ökonomiekritik: Arbeit, Zeit und Geld aus einer materialistischen Geschlechterperspektive. In B. Kortendiek, B. Riegraf, & K. Sabisch (Hrsg.),

Handbuch *Interdisziplinäre Geschlechterforschung* (Bd. 65, S. 253–261). Springer Fachmedien. https://doi.org/10.1007/978-3-658-12496-0_23.

Bundesagentur für Arbeit. (2021). *Statistik der Bundesagentur für Arbeit Berichte: Blickpunkt Arbeitsmarkt – Die Arbeitsmarktsituation von Frauen und Männern 2020.* https://statistik.arbeitsagentur.de/DE/Statischer-Content/Statistiken/Themen-im-Fokus/Frauen-und-Maenner/generische-Publikationen/Frauen-Maenner-Arbeitsmarkt.pdf.

Butler, J. (2002). *Gender trouble.* Routledge.

Chmielorz, M. (2017). Zwischen Betroffenheit und Professionalität. In D. Franke-Meyer & C. Kuhlmann (Hrsg.), *Soziale Bewegungen und Soziale Arbeit.* Springer VS. https://doi.org/10.1007/978-3-658-18591-6_19.

Connell, R. (2015). *Der gemachte Mann.* Springer Fachmedien. https://doi.org/10.1007/978-3-531-19973-3.

Degele, N. (2019). Intersektionalität: Perspektiven der Geschlechterforschung. In B. Kortendiek, B. Riegraf, & K. Sabisch (Hrsg.), *Handbuch Interdisziplinäre Geschlechterforschung* (Bd. 65, S. 341–348). Springer Fachmedien. https://doi.org/10.1007/978-3-658-12496-0_32.

Fastabend, E., & Wildfeuer, A. G. (2022). „Der ‚fremde Mann' und seine Sexualität". Die Kölner Silvesternacht 2015/16 als Wendepunkt im medialen Diskurs über männliche Flüchtlinge – Ergebnisse eines Studienprojekts. *Migration und Soziale Arbeit, 4,* 345–350.

Foucault, M. (1969). *L'archéologie du savoir.* Gallimard.

Fraser, N. (2016). *Die halbierte Gerechtigkeit* (3. Aufl.). Suhrkamp.

Funk, W. (2018). *Gender Studies.* UTB.

Ganz, K., & Hausotter, J. (2020). *Intersektionale Sozialforschung.* transcript. https://doi.org/10.14361/9783839445143.

Irigaray, L. (1991). *Die Zeit der Differenz.* Campus.

Jahncke, H., Rebmann, K., & Stock, M. (2019). *(Selbst-)Reflexionsfähigkeit: Modellierung, Differenzierung und Beförderung mittels eines Kompetenzentwicklungsportfolios.* Hampp.

Kuster, F. (2019). Mann – Frau: Die konstitutive Differenz der Geschlechterforschung. In B. Kortendiek, B. Riegraf, & K. Sabisch (Hrsg.), *Handbuch Interdisziplinäre Geschlechterforschung* (Bd. 65, S. 3–12). Springer Fachmedien Wiesbaden. https://doi.org/10.1007/978-3-658-12496-0_3.

McNay, L. (2008). *Against recognition.* Polity.

Pimminger, I. (2019). Gleichheit – Differenz: Die Debatten um Geschlechtergerechtigkeit in der Geschlechterforschung. In B. Kortendiek, B. Riegraf, & K. Sabisch (Hrsg.), *Handbuch Interdisziplinäre Geschlechterforschung* (Bd. 65, S. 45–54). Springer Fachmedien. https://doi.org/10.1007/978-3-658-12496-0_156.

Platt, L. F., & Milam, S. R. B. (2018). Public discomfort with gender appearance-inconsistent bathroom use: The oppressive bind of bathroom laws for transgender individuals. *Gender Issues, 35*(3), 181–201. https://doi.org/10.1007/s12147-017-9197-6.

Rosa, H., Strecker, D., & Kottmann, A. (2018). *Soziologische Theorien* (3 Aufl.). utb.

Schabram, G. (2017). *„Kein Geschlecht bin ich ja nun auch nicht."* Deutsches Institut für Menschenrechte. https://www.institut-fuer-menschenrechte.de/publikationen/detail/kein-geschlecht-bin-ich-ja-nun-auch-nicht.

Schößler, F. (2008). *Einführung in die Gender Studies.* Akademie. https://doi.org/10.1524/9783050049649.

Literatur

Spivak, G. C. (1994). *Can the subaltern speak?* Columbia University Press.

Statistisches Bundesamt Destatis. (2015). Zeitverwendungserhebung 2012-2013. Wiesbaden. https://www.destatis.de/DE/Themen/Gesellschaft-Umwelt/Einkommen-Konsum-Lebensbedingungen/Zeitverwendung/Publikationen/Downloads-Zeitverwendung/zeitverwendung-5639102139004.html. letzter Zugriff 5.10.2023.

Traue, B., Pfahl, L., & Schürmann, L. (2019). Diskursanalyse. In N. Baur & J. Blasius (Hrsg.), *Handbuch Methoden der empirischen Sozialforschung* (S. 565–583). Springer Fachmedien. https://doi.org/10.1007/978-3-658-21308-4_38.

Völker, S. (2019). Praxeologie und Praxistheorie: Resonanzen und Debatten in der Geschlechterforschung. In B. Kortendiek, B. Riegraf, & K. Sabisch (Hrsg.), *Handbuch Interdisziplinäre Geschlechterforschung* (S. 509–518). Springer Fachmedien. https://doi.org/10.1007/978-3-658-12496-0_46.

Walgenbach, K. (2017). *Heterogenität – Intersektionalität – Diversity in der Erziehungswissenschaft* (2. Aufl.). utb.

Wustmann, J. (2021). Jenseits der rhetorischen Modernisierung? Geschlechterwissen zwischen Essenzialismus und Konstruktivismus. In J. C. Nentwich & F. Vogt (Hrsg.), *(Un)doing Gender empirisch* (S. 191–221). Springer Fachmedien. https://doi.org/10.1007/978-3-658-32863-4_8.

Die Beschäftigten und das Geschlecht 2

Zusammenfassung

Das Allgemeine Gleichbehandlungsgesetz (AGG) verbietet jegliche Diskriminierung am Arbeitsmarkt und am Arbeitsplatz, sei es aufgrund von Geschlecht, Behinderung, Ethnie, sexueller Orientierung oder Religion. Es gibt aber auch solche Formen der Diskriminierung, die nicht beabsichtigt sind oder die gar nicht als Diskriminierung wahrgenommen werden, weder in der Gesetzgebung noch von den Arbeitgeber*innen. Eine davon ist die geschlechterspezifische Segregation des Arbeitsmarktes. Die Belegschaft in der Sozialwirtschaft ist überwiegend weiblich und in Teilzeit arbeitend. Die Teilzeittätigkeit bedeutet niedriges Einkommensniveau und wird häufig als Hindernis für die Ausübung einer Leitungsposition angesehen. In der Sozialwirtschaft liegt der Frauenanteil an Führungspositionen zwar höher als in vielen anderen Branchen, entspricht aber trotzdem nicht dem Frauenanteil an allen Beschäftigten. Horizontale und vertikale Segregation des Arbeitsmarktes sind problematisch für die Beschäftigten, wenn ihre Handlungsoptionen dadurch eingeschränkt werden. Dadurch sinkt ihre Motivation. Feministische Gleichheits-, Differenz- und Aufhebungsstrategien bekämpfen die negativen Folgen der Segregation jeweils unterschiedlich. Eine weitere Diskriminierungsform entsteht durch unterschiedliche Wahrnehmungen von Geschlecht, Behinderung, Ethnie, sexueller Orientierung oder Religion. Intersektionalität bietet eine einzigartige Perspektive zur Diversität und Diskriminierung, indem sie analysiert, wie mehrere Differenzmerkmale gleichzeitig Diskriminierung verursachen können. Intersektionalität kann gut bei der Personalentwicklung eingesetzt werden. Eine intersektionale Personalentwicklung reflektiert die ungleichen Positionen der Beschäftigten.

Lernziele

- Horizontale und vertikale Segregation kennen
- Motivationstheoretische Grundlagen kennen
- Segregationsbezogene Probleme der Beschäftigten in der Sozialwirtschaft kennen
- Feministische Strategien gegen Segregation kennen

2.1 Merkmale der Arbeitsmarktsegregation

Weltweit sind die Arbeitsmärkte geschlechtlich geteilt: Männer und Frauen sind in unterschiedlichen Bereichen tätig, ihre Arbeitszeiten unterscheiden sich voneinander und sie verdienen unterschiedlich viel Geld, sogar wenn sie das gleiche Ausbildungsniveau haben (International Monetary Fund, 2013, S. 52). Sowohl Wissenschaftler*innen als auch Praktiker*innen fragen: Wie problematisch ist die Segregation?

2.1.1 Horizontale Arbeitsmarktsegregation

Aus der Statistik der Bundesagentur für Arbeit wird ersichtlich, dass im deutschen Gesundheits- und Sozialwesen der Frauenanteil an allen Beschäftigten 77 %, in Erziehung und Unterricht 72 % beträgt. Über die Hälfte von ihnen arbeiten in Teilzeit (Bundesagentur für Arbeit 2021a, S. 13). In der Sozialwirtschaft zeigt sich die geschlechterspezifische Arbeitsmarktsegregation in Form einer stark frauendominierten und sehr häufig in Teilzeit arbeitenden Belegschaft, was die Abb. 2.1 verdeutlicht. Zur Sozialwirtschaft werden die Gesundheits- und Sozialwesen sowie Teile der Erziehung und Unterricht gezählt.

Die horizontale Arbeitsmarktsegregation an sich muss nicht unbedingt problematisch sein. Sie beschreibt lediglich die Struktur des Arbeitsmarktes – also in welchen Bereichen Frauen und Männer arbeiten. Zu ihren positiven und negativen Folgen sagt sie nichts. Es ist aber unumstritten, dass die Folgen der Strukturierung erhebliche geschlechterspezifische Probleme für die Beschäftigten bereiten, insbesondere in Anbetracht der Verdienste, Aufstiegsmöglichkeiten und des Familienlebens.

2.1 Merkmale der Arbeitsmarktsegregation

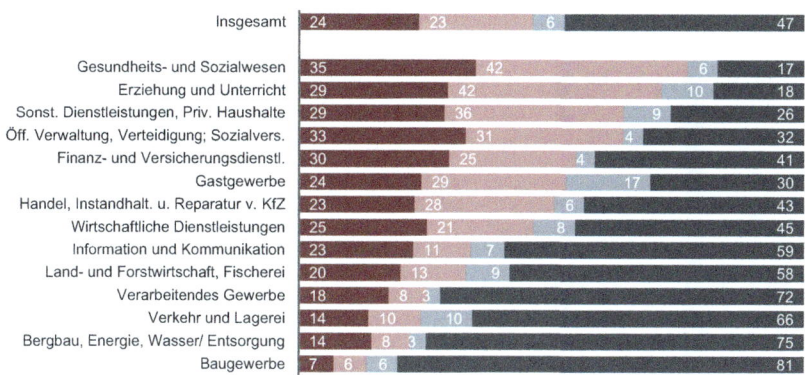

Abb. 2.1 Sozialversicherungspflichtig Beschäftigte nach Branchen, Geschlecht und Arbeitszeit 2021. (Quelle: Bundesagentur für Arbeit (2021a, S. 13))

Die Abb. 2.2 zeigt, dass Männer und Frauen unterschiedlich viel verdienen. Laut Berechnungen des Statistischen Bundesamtes betrug der geschlechterspezifische Unterschied im durchschnittlichen Bruttostundenverdienst im Jahr 2018 4,37 €. Dieser Gender Pay Gap wird insbesondere durch das Lohnniveau in der gewählten Branche, aber auch durch die geringere wöchentliche Arbeitszeit der Frauen erklärt. Zwar ist die Beschäftigungsquote von 15- bis 74-jährigen Frauen in Deutschland mit ca. 68 % relativ hoch (Eurostat 15.12.2022). Gleichzeitig liegt die Teilzeitbeschäftigungsquote bei Frauen bei 47,5 %, bei Männern nur 10,7 % (Eurostat 11.01.2023).

Solange Frauen die Hauptlast für die Betreuung von Kindern und anderen Angehörigen sowie die Verantwortung über die übrige Hausarbeit tragen, sammelt sich die Inanspruchnahme der Elternzeit übermäßig stark auf ihre Belegschaft an und die Belegschaft arbeitet überwiegend in Teilzeit. Die hohe Anzahl an familienbedingten Erwerbsunterbrechungen der weiblichen Belegschaft bedeutet eine vergrößerte Unsicherheit bei der Personalplanung. Die horizontale Segregation bereitet somit nicht nur den Beschäftigten, sondern auch sozialwirtschaftlichen Organisationen besondere Probleme.

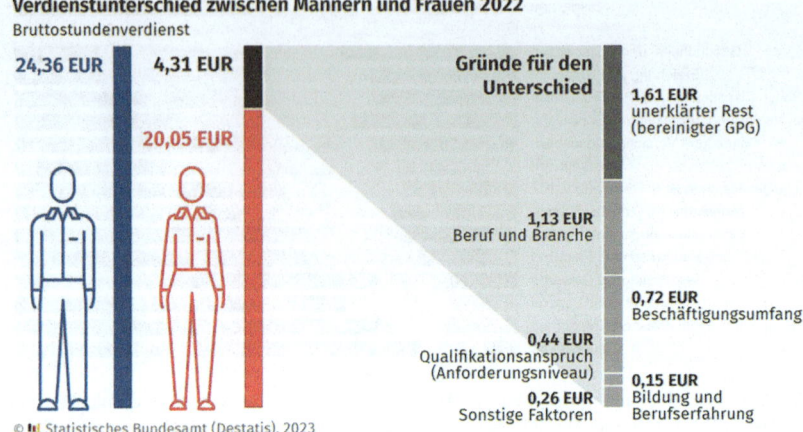

Abb. 2.2 Faktoren, die den Verdienstunterschied zwischen Männern und Frauen gestalten. (Quelle: © Statistisches Bundesamt Destatis (2023a))

2.1.2 Vertikale Segregation

Eine Möglichkeit, dem Gender Pay Gap entgegenzuwirken, ist die Karriereförderung von Frauen. Bekanntermaßen liegt das Verdienstniveau der Führungskräfte höher als das der Fachkräfte. Aus der Abb. 2.3 geht hervor, dass im europaweiten Vergleich vom Frauenanteil an Führungskräften (insgesamt in allen Wirtschaftszweigen) Deutschland einen Platz im unteren Bereich belegt: Nur jede dritte Führungskraft in Deutschland ist eine Frau. Ein Grund dafür ist die von Frauen gerne ausgeübte Teilzeittätigkeit, die für Führungspositionen nicht auszureichen scheint. In allen Branchen sind 12 % der Vollzeitkräfte in leitenden Positionen tätig, bei den Teilzeitkräften sind es lediglich 6 % (Statistisches Bundesamt Destatis, 2017, S. 28). Auch die vertikale Segregation gestaltet somit den Einkommensunterschied zwischen Frauen und Männern mit.

Susanne Kohaut und Iris Möller (2019) haben die vertikale Segregation im privaten und öffentlichen Sektor basierend auf den IAB-Betriebspanel untersucht. Die Befragung umfasst rund 15.500 Betriebe und unterscheidet zwischen der ersten (obersten) und der zweiten (unteren) Führungsebene. Die Autorinnen bemerken, dass der Frauenanteil an Führungskräften im Sozialwesen und im Erziehungsbereich höher liegt als in anderen Bereichen. Die Aussage betrifft sowohl den privaten als auch den öffentlichen Sektor. Werden die Anteile jedoch

2.1 Merkmale der Arbeitsmarktsegregation

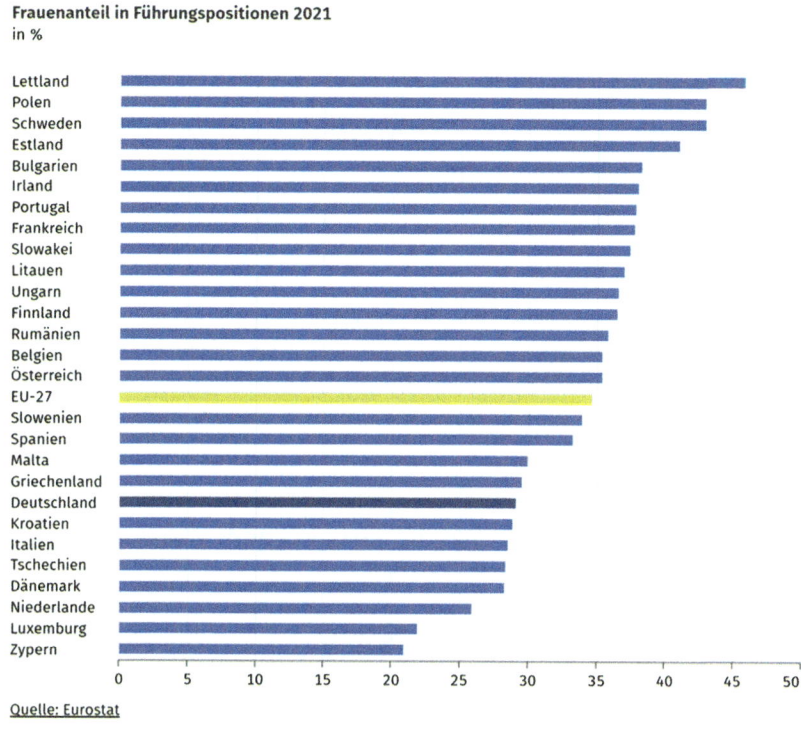

Abb. 2.3 Frauenanteil in Führungspositionen in der EU. (Quelle: Frauenanteil in Führungspositionen 2021, Statistisches Bundesamt (Destatis) (2023b))

mit dem gesamten Frauenanteil im Sozial- und Erziehungssektor ins Verhältnis gesetzt, wird deutlich, dass die Frauen in der Führungsebene unterrepräsentiert sind. Die hohe weibliche Beschäftigtenzahl in diesen Bereichen ließe also einen höheren Anteil an weiblichen Führungskräften erwarten. Die Diskrepanz ist besonders groß im privaten Sektor, wo der Frauenanteil an allen Beschäftigten 75 % beträgt, ihr Anteil in der obersten Führungsebene aber nur 49 % (Tab. 2.1).

Aber auch die Branche selbst spielt bei dem Gender Pay Gap eine große Rolle. Das durchschnittliche Verdienstniveau für die hochqualifizierten Führungskräfte in Erziehungs-, Sozialarbeits- und Heilerziehungsberufen lag im Jahr 2018 deutlich niedriger im Vergleich zum Gesamtdurchschnitt aus allen Branchen.

Tab. 2.1 Frauenanteile (%) an allen Beschäftigten und auf zwei Führungsebenen. (Eigene Darstellung in Anlehnung an Kohaut und Möller (2019, S. 3–4))

Gesundheits- und Sozialwesen, Erziehung und Unterricht	Frauenanteil an Beschäftigten	Frauenanteil auf der obersten Führungsebene	Frauenanteil auf der unteren Führungsebene
Privatsektor	75 %	49 %	71 %
Öffentlicher Sektor	71 %	65 %	67 %

Care-Expert*innen verdienten 3804 € im Vergleich zum Gesamtdurchschnitt 5425 € aller Spezialist*innen. Care-Spezialist*innen verdienten 3722 € im Vergleich und zum Gesamtdurchschnitt 4321 € aller Spezialist*innen. Die Expertise im Sozialwesen zahlt sich nicht so gut aus wie in den meisten anderen Branchen (Bundesagentur für Arbeit, 2021b).

2.2 Motivationstheoretische Grundlagen: Warum arbeite ich?

Die Arbeitsmarktstatistik belegt die ungleiche Arbeitswelt und die ungleichen Arbeitsbedingungen für Männer und Frauen im Sozialwesen. Die horizontale und die vertikale Segregation des Arbeitsmarktes können das Arbeitsleben der Männer und Frauen suboptimal gestalten, wenn diese ihre Handlungsoptionen einschränken – beispielsweise wenn sie ungewollt in Teilzeit arbeiten müssen, in ihrer Karriere nicht weiterkommen oder daran gehindert werden, ihren Wunschberuf auszuüben. Die Einschränkungen auf dem Arbeitsmarkt können problematisch werden, wenn sie die Motivation der Beschäftigten senken. Die fehlende Motivation der Beschäftigten führt eventuell zur Fluktuation der Belegschaft und erhöht den Bedarf an Neurekrutierungen und Einarbeitungsmaßnahmen. Diese verursachen zusätzliche Personalkosten für die Arbeitgeber*innen. Sollte zusätzlich eine Fachkräftemangel herrschen, kann die Organisation ernsthaften Schwierigkeiten bei der Rekrutierung beggenen. Für die Organisationen sind Kenntnisse über die Motivation ihrer Belegschaft deshalb bedeutend.

2.2.1 Bedürfnishierarchie

Psychologische Motivationstheorien zeigen auf, dass die Motivation eines Menschen von mehreren Faktoren abhängig ist und aus unterschiedlichen Perspektiven untersucht werden kann. Erstens haben Menschen unterschiedliche Gründe und Ziele für ihr Handeln. Abraham Maslow betont, dass Menschen unterschiedliche Bedürfnisse spüren, die sie versuchen zu befriedigen (Maslow, 1943). Die Bedürfnisbefriedigung betrachtet Maslow als die Ursache und den Grund für die gespürte Motivation. Menschen haben also eine Intention und ein Ziel: ihre eigene Bedürfnisbefriedigung. Bedürfnisse gibt es unzählige. Maslow argumentiert aber, dass die Grundstruktur aus Bedürfnissen bei allen Menschen die gleiche ist. Es gibt bestimmte Bedürfnisse, die zuerst ausreichend befriedigt sein müssen (1), bevor das nächste Bedürfnis (2) gespürt wird. Er unterscheidet zwischen niedrigeren und höheren Bedürfnissen, die bei allen Menschen vorkommen und die in hierarchischer Beziehung zueinander stehen. Erst wenn die niederen Bedürfnisse befriedigt sind, können die höheren Bedürfnisse gespürt und befriedigt werden. Die einzelnen Bedürfnisse sind:

5. Die Bedürfnisse nach Selbstverwirklichung
4. Bedürfnisse nach Achtung
3. Die Bedürfnisse nach Zugehörigkeit und Liebe (soziale Bedürfnisse)
2. Sicherheitsbedürfnisse
1. Physiologische Bedürfnisse

Maslow bildet somit eine Bedürfnishierarchie, in der die Bedürfnisbefriedigung auf der niedrigeren Stufe die Voraussetzung für die höheren Bedürfnisse bildet. Für die individuelle Motivation bedeutet dies z. B., dass nur solche Menschen, deren physiologische Bedürfnisse sowie die Bedürfnisse nach Achtung befriedigt sind, das Bedürfnis nach Selbstverwirklichung spüren können.

Die Pyramide von Maslow gilt als logisch und unbestritten. Barbara Methfessel bemerkt jedoch, dass sie oft missverstanden wird und insbesondere zur Geringschätzung der physiologischen Bedürfnisse führt (Methfessel, 2020, S. 73). Die unterste Stufe wird nämlich oft als minderwertiger als die oberen Stufen verstanden, obwohl Umgekehrtes der Fall ist. Die Geringschätzung betrifft auch viele Berufe, die sich mit den niederen Bedürfnissen beschäftigen, wie z. B. die Hebammen- und Pflegeberufe sowie die Früherziehung in den Kindergärten. Als Spezialist*innen verdienen sie nämlich weniger als in den meisten anderen Branchen. Im Vergleich zu vielen anderen Ländern wurden diese Berufe in Deutschland außerdem sehr spät bzw. nur teilweise oder noch gar nicht akademisiert. Für die akademisch ausgebildeten Sozialarbeiter*innen, die sich den Sicherheits- und sozialen Bedürfnissen widmen, gibt es immer noch sehr wenige Promotionsmöglichkeiten in Deutschland. Das bedeutet wiederum, dass die Professor*innen des Studiengangs Soziale Arbeit oft selbst keine promovierten Sozialarbeiter*innen sind, sondern aus benachbarten Disziplinen stammen (Soziologie, Pädagogik, Psychologie). Auf die Maslow'sche Pyramide übertragen könnte behauptet werden, dass die Forderungen nach Akademisierung und Promotionsrecht gegenwärtig das Bedürfnis nach Achtung ausdrücken.

2.2.2 Motivationsquellen

Die Motivation kann auch in Bezug auf ihre Quellen untersucht werden. Die Motivationsquellen geben an, woher die Handlungsmotivation und ihre Ziele stammen. Anders als Maslow, der von universellen Bedürfnissen ausgeht, bemerkt Herzberg (1968, S. 91–92), dass die Menschen sowohl durch handlungsinterne als auch durch äußere Faktoren motiviert werden können. Die handlungsinternen, intrinsischen Faktoren sind solche, die aus der Handlung selbst entstammen; eine Person liebt und genießt das, was sie gerade tut. Studierende lernen z. B. unterschiedliche Gender-Theorien, weil sie das Thema spannend finden. Äußere, extrinsische Faktoren dagegen werden durch die Handlungsumgebung gebildet, z. B. Belohnungen bei einer Zielerreichung. Die Studierenden lernen die Gender-Theorien, um eine Klausur zu bestehen. Eine hohe Lern- oder Arbeitsmotivation besteht aus einer Kombination aus beiden Faktoren und die besten Ergebnisse werden durch eine hohe Motivation erzielt.

Edward Deci und Richard Ryan betonen, dass die intrinsisch motivierten Handlungen durch Selbstbestimmung charakterisiert sind, wogegen die extrinsisch motivierten Handlungen durch die Kontrolle von außen gezeichnet sind (Deci & Ryan, 1993, S. 226). Sie argumentieren weiter, dass alle Menschen ein angeborenes Bedürfnis auf einen bestimmten Grad an Selbstbestimmung haben. Und obwohl die Kombination aus den beiden Motivationsquellen zum optimalen Motivationsgrad beiträgt, können die beiden durchaus auch negative Auswirkungen aufeinander haben. Durch extrinsische Belohnungen, wie z. B. Geld, kann im Menschen nämlich das Gefühl von externer Kontrolle entstehen. Dadurch wird das Gefühl der Selbstbestimmung vermindert, was wiederum die intrinsische Motivation senken kann (Deci & Ryan, 1993, S. 226). Anderseits kann sich ein zu hohes Maß an Selbstbestimmung ohne genügend extrinsische Kontrollmöglichkeiten auch überfordernd auf den Menschen auswirken.

Kenntnisse über die individuellen und branchentypischen Motivationskombination(en) der eigenen Belegschaft können den sozialwirtschaftlichen Organisationen und den Vorgesetzten wertvolle personalpolitische Instrumente bieten. Sie geben Auskunft darüber, welche Beschäftigten durch mehr Verantwortung und Selbstbestimmung und welche durch höheres Gehalt motiviert werden können. Die intrinsische Motivation wird aber auch als eine der wichtigsten Voraussetzungen für nachhaltig erfolgreiche Unternehmensführung bezeichnet (Jung & Morner, 2016, S. 241). Insbesondere im sozialen Sektor können jedoch auch die gesellschaftlichen Normen als extrinsische Faktoren eine bedeutende Rolle für die Belegschaft spielen: Wie viel Gehalt und Selbstbestimmung ist für die Belegschaft notwendig, um das professionelle Helfen als motivierend zu empfinden, und ab wann wird das Geld oder die Selbstbestimmung der Helfenden als störend empfunden? Die gleichen Fragen gelten auch für die Vorgesetzten in den sozialen Einrichtungen.

2.2.3 Motivationsadressat*innen: Geld oder Nächstenliebe?

Es ist wichtig anzumerken, dass eine hohe intrinsische Motivation der Belegschaft und der Führungskräfte allein nichts über ihre moralische Dimension aussagt. Intrinsische Motivation soll mit Gutem nicht gleichgesetzt werden. Christoph Serries bemerkt, „den Nutzen anderer Menschen zu erhöhen, kann also von einer intrinsisch motivierten Person intendiert sein, ist jedoch keine notwendige Bedingung" (Serries, 2005, S. 71). Ein intrinsisch motivierter Mensch kann auch durch seine Verbitterung angespornt werden.

Es ist deswegen sinnvoll, sowohl die intrinsischen als auch die extrinsischen Motivationen nach ihren Ausrichtungen zu untersuchen: Für wen ist die Person motiviert, einen Nutzen zu stiften, um wessen Bedürfnisse geht es ihr dabei? Vom Egoismus wird gesprochen, wenn die Person selbst der/die Adressat*in der Handlung ist, ihr eigener Nutzen oder ihre eigene Freude am Tun. Beim Altruismus dagegen soll der Nutzen von anderen Menschen erhöht werden.[1]

Christoph Serries (2005) kombiniert die intrinsischen und extrinsischen Motivationsarten mit den zwei Adressat*innenarten und kommt so auf vier unterschiedliche Motivationskombinationen: intrinsisch-egoistisch, intrinsisch-altruistisch, extrinsisch-egoistisch und extrinsisch-altruistisch).

---

[1] Ähnlich könnte auch beim Tierschutz oder Umweltschutz vom Altruismus gesprochen werden. Hier nehmen die Akteur*innen Nachteile für sich selbst in Kauf, indem sie sich für die Tiere und die Natur einsetzen.

Auf den sozialen Sektor angewendet kann aus der Tab. 2.2 abgelesen werden, welche vielfältigen Motivationskombinationen für Fachkräfte, Führungskräfte und ehrenamtlich Beschäftigte im sozialen Sektor existieren können. Die zwei oberen Kombinationen (die intrinsisch-egoistische und die intrinsisch-altruistische Motivkombination) stellen die am häufigsten genannten Motive im sozialen Sektor dar (Körner & Reichl, 2018, S. 24). Fürsorgetätigkeiten können als intrinsisch-egoistisch orientiert verstanden werden, wenn diese, ähnlich wie Freizeitaktivitäten, den Fürsorgenden selbst Freude oder sonstigen Nutzen bereiten. Ehrenamt dagegen wird im Allgemeinen als eine intrinsisch-altruistisch motivierte Tätigkeit verstanden, da diese nicht auf materiellen Gewinn gerichtet, sondern gemeinwohlorientiert und freiwillig ist. Die wichtige Aufgabe des Ehrenamts ist die Stärkung der sozialen Teilhabe und Demokratie.

Die extrinsisch-egoistische Kategorie beinhaltet Tätigkeiten, die ausgeübt werden, um persönliche Anerkennung, Lob oder materielle Belohnungen zu erhalten, z. B. höheres Gehalt oder eine höhere Position. Die extrinsisch-altruistische Kategorie besagt schließlich, dass es auch Menschen gibt, die die symbolische Anerkennung oder materielle Belohnungen brauchen, um *jemandem anderen* damit etwas Gutes tun zu können. Das klassische Beispiel dafür sind Eltern, die arbeiten gehen, um ihren Kindern ein gutes Leben zu ermöglichen.

Tab. 2.2 Motivationskombinationen im sozialen Sektor

		Inhaltliche Ausrichtung der Motivation (Adressat*in)	
		Egoismus	Altruismus
Motivationsquelle (Art der Motivation)	Intrinsische Motivation	• Fürsorge-Tätigkeit bereitet der fürsorgenden Person selbst Freude oder anderen Nutzen • Freizeitbeschäftigung	• Das klassische Ehrenamt • Fürsorge für andere Menschen bereitet Freude
	Extrinsische Motivation	• Die Person erfährt Anerkennung oder erhält Belohnungen durch die professionelle oder ehrenamtliche Fürsorgetätigkeit	• Ansehen und Belohnungen werden angestrebt, um diese für andere einsetzen zu können • Beruf oder Ehrenamt ermöglichen der Familie ein gutes Leben (Geld, Respekt)

Quelle: Eigene Darstellung in Anlehnung an Serries (2005, S. 72)

Horizontale und vertikale Segregation befestigen geschlechtertypische Handlungsweisen und Stereotypen. Besonders deutlich kann dies mit dem Elternbeispiel gezeigt werden. In Deutschland arbeiten die meisten Väter in Vollzeit, u. a. weil es in den männlich-dominierten Branchen und Positionen so üblich ist. Mütter dagegen arbeiten oft in Teilzeit, da sie in den weiblich-dominierten Branchen oft weniger verdienen als ihre Ehemänner. Durch die Teilzeittätigkeit bleibt der Mutter Zeit für die Kinderbetreuung und den Haushalt. So können die Betreuungsausgaben, wie z. B. die KiTa-Gebühren der Familie minimiert werden. Durch Steuererleichterungen kann das Haushaltseinkommen weiterhin maximiert werden. Durch dieses und die gesellschaftliche Anerkennung als ‚gute Eltern' optimieren sie den Lebensstandard für ihre Kinder. Problematisch wird das, wenn sich die Eltern in einer Handlungsposition befinden, die im Widerspruch mit ihren individuellen Motiven steht.

2.3 Segregationsbezogene Strategien

Die Motivationstheorien gehen davon aus, dass Menschen durch ihre Motive innerlich geleitet werden. In der Realität befinden sich jedoch viele Individuen unfreiwillig in Handlungspositionen, was Motivationsprobleme verursachen kann. Dies wäre der Fall, wenn eine Person sich durch die Anerkennung ihrer Professionalität motiviert fühlt und deswegen eine Beförderung nach guter Leistung erwartet. Da sie aber wegen familiärer Betreuungsaufgaben Teilzeit arbeitet, sei es aus finanziellen Gründen oder wegen gesellschaftlicher Eltern-Stereotypen, ist ihr meistens der Weg auf der Karriereleiter versperrt. Allmählich lässt ihre Motivation nach, da sie ihre persönlich optimale Kombination nicht verwirklichen kann. Letztendlich betreffen die Motivationsprobleme dann auch die Arbeitgeber*innen: Sie finden eventuell nicht genügend Fach- oder Führungskräfte oder die Belegschaft arbeitet suboptimal. Mehrere Strategien versuchen deswegen, die segregationsbezogenen Einschränkungen zu beheben.

2.3.1 Gleichheitsstrategien zur Bekämpfung von Segregation

Ralf Lange weist auf „die unzureichende Teilhabe von Frauen in Führungspositionen und die geringe Repräsentanz von Frauen in Branchen und Berufen mit hohem Sozialprestige und entsprechendem Entgelt" hin sowie darauf, dass diese Strukturen auch in der Sozialwirtschaft reproduziert werden (Lange, 2010,

S. 175). Wie in allen Unternehmen begegnen weibliche Führungskräfte auch in der Sozialwirtschaft dem Problem der Vereinbarkeit von Familie und Beruf, woraus eine Doppelbelastung resultiert. Das Vereinbarkeitsproblem führt dazu, dass viele Frauen in Teilzeit arbeiten. Susanne Kirchhoff-Kestel und Tamara Morgenroth (2021, S. 38) bemerken, dass Führung in Teilzeit für viele Nonprofitorganisationen undenkbar ist, was den Weg für Mütter in Führungspositionen versperrt. Feministische Gleichheitsstrategien setzen deswegen darauf, die Betreuungsarbeit auf den Markt und den Staat zu verlagern, um Frauen zu entlasten. Es werden Ganztagsschulen und Kindergartenplätze eingerichtet, sodass Eltern, insbesondere die Mütter, Vollzeit arbeiten können.

Auch die Anonymisierung von Bewerber*innenunterlagen und die Quotenregelung können als Gleichheitsstrategien bezeichnet werden. Bei der Anonymisierung wird auf das Foto und den Namen im Lebenslauf verzichtet und die Bewerber*innen werden nur nach ihrem Werdegang beurteilt. Die Bewertungskriterien selbst ändern sich dabei nicht. Durch die Einführung von Frauenquoten wird versucht, die strukturelle und somit die oft unsichtbare Männerförderung bei der Rekrutierung aktiv zu durchbrechen. Die Quoten werden auch in der Sozialwirtschaft als Türöffner verstanden: Sie können eingesetzt werden, bis eine angemessene Anzahl an Frauen an die Leitungspositionen gelangt ist und die Männer merken, dass Frauen „nicht schlechter leiten" (Kirchhoff-Kestel & Morgenroth, 2021, S. 40).

Ähnlich können die Männerquoten und sonstige Formen der Männerförderung im sozialen Sektor als eine Strategie gegen die horizontale Segregation verstanden werden. Auch hier ändern sich die Bewertungskriterien nicht. Bei der Rekrutierung werden die Männer so lange bevorzugt, wie sie in der Unterzahl sind. Die positive Diskriminierung von Männern wird mit gleichstellungspolitischen Argumenten begründet; als Erweiterung des Berufswahlspektrums von Jungen (Booth, 2021, S. 90).

Laut Kirchhoff-Kestel und Morgenroth erschwert das ruhige und zurückhaltende Verhaltensmuster, das dem weiblichen Stereotypen entspricht, den Aufstieg von Frauen (Kirchhoff-Kestel & Morgenroth, 2021, S. 39). Führungstrainings zum selbstbewussteren und durchsetzungsfähigeren Auftreten sowie Unterstützungsstrukturen wie Kinderbetreuungsangebote sind Maßnahmen, die auf die Anpassung von Frauen an die Anforderungen an die Führungskräfte zielen: arbeiten in Vollzeit und ausgerüstet mit Durchsetzungsvermögen und Autorität. All diese äußerlichen Maßnahmen wirken fördernd bzgl. der Karriere von Frauen und erhöhen die Anzahl an weiblichen Führungskräften, ändern aber nicht die maskuline Norm und den Stereotyp von Führungskräften. Es bleibt in den Köpfen das „*thinking manager, thinking male*" (Kirchhoff-Kestel & Morgenroth, 2021, S. 41).

2.3.2 Differenzstrategien zur Bekämpfung von Segregation

Viele Wissenschaftler*innen und Fachkräfte im sozialen Bereich fremdeln mit den dominanten und selbstsicheren maskulinen Führungsstilen aus der Wirtschaft. Ein Grund dafür ist, dass die Führungstheorien und -stile aus der Wirtschaft auf Konkurrenzdenken basieren und deswegen in den sozialwirtschaftlichen Organisationen, die nach den Prinzipien des Empowerments und der Kooperation arbeiten, nur schlecht einsetzbar sind (Peters, 2018, S. 32). Außerdem ist für die intrinsisch motivierte Belegschaft Werteorientierung von hoher Bedeutung – auch in den Führungspositionen. Der Spaß am Helfen motiviert sie mehr als starre Zielvorgaben. Colby Peters argumentiert für einen empathievollen und kooperativen Führungsstil in den Organisationen Sozialer Arbeit und plädiert für ein eigenes Leadership-Modul in den Curricula in den Hochschulen (Peters, 2018, S. 41).

Das Konzept des Female Leadership kann als feministische Differenzstrategie bezeichnet werden. Mit Female Leadership werden Eigenschaften wie Empathie und Kooperation betont. Damit wird ein Führungsstil konzipiert, der sich auf einige ‚typisch weibliche' Stärken stützt. Das Konzept ist umstritten, da es wissenschaftlich nicht eindeutig belegbar ist, dass Frauen die besseren Führungskräfte wären. Umgekehrt betrachtet gibt es aber auch keine empirischen Belege dafür, dass Männer besser für Führungspositionen geeignet wären (Burel, 2020, S. 12). Simone Burel verteidigt das genderspezifische Label Female Leadership mit der Begründung, dass dadurch Frauen gedanklich in das Führungskonzept integriert werden können. Dies sei laut Burel notwendig, bis sich ein wirklich inklusiver genderneutraler Begriff wie z. B. Human Leadership behauptet hat (Burel, 2020, S. 19).

Female Leadership erweist sich als strategisch besonders interessant zur Bekämpfung vertikaler Segregation, indem es „*Eigenschaften wie Empathie den klassischen Führungsanforderungen wie Durchsetzungskraft gleichsetzt*" (Stuhlmann & Erpf, 2021, S. 9). Empathie ermöglicht eine höfliche und beziehungsorientierte Kommunikation, die nach einigen empirischen Studien von Frauen tatsächlich besser beherrscht wird als von Männern (Burel, 2020, S. 17). Außerdem verknüpfen Frauen mehrere Bereiche besser miteinander als Männer und identifizieren sich gleichmäßiger mit ihren vielfältigen Rollen in Beruf, Familie und anderen Lebensbereichen (Burel, 2020, S. 16). Durch eine Hervorhebung der weiblich konnotierten Empathie und Kooperation als „führungstaugliche" und erwünschte Eigenschaften werden diese aufgewertet. Die Aufwertung kann konkrete Effekte haben: Wenn die Führungsaufgaben à la Female Leadership nämlich kooperativ ausgeübt werden können, können die Führungspositionen auch geteilt werden. Es kann erwartet werden, dass vermehrt Frauen sich für solche Führungspositionen bewerben. Anders als die Gleichheitsstrategien belassen die Differenzstrategien die Betreuungstätigkeiten weiterhin im Haushalt. Die Familien werden weiterhin mit der Steuerpolitik wie dem Ehegattensplitting unterstützt, sodass die Eltern (Mütter) auch Teilzeit arbeiten können. Durch die Differenzstrategien werden die Teilzeittätigkeit und die informellen Betreuungstätigkeiten zu Hause wertvoll und mit Führungstätigkeiten kombinierbar behandelt. Letztendlich können auch Mütter auf die Führungsposition gelangen und die vertikale Segregation kann gemildert werden.

Ähnlich wie die Gleichheitsstrategien können die Differenzstrategien auch gegen die horizontale Segregation im sozialen Sektor eingesetzt werden. Da in den sozialen Berufen wenig Männer tätig sind, können bestimmte ‚männliche' Eigenschaften und Handlungsweisen sowohl in der Rekrutierung als auch im Berufsalltag betont und hervorgehoben werden. Susanna Booth (2021, S. 83) argumentiert, dass oft Eigenschaften wie Sportlichkeit, Aktivität oder Humor als dem biologisch-männlichen Geschlecht zugehörig eingestuft werden. Durch eine solche Essentialisierung und Naturalisierung der Männlichkeit erleben Männer in den sozialen Berufen oft die Rolle einer wertvollen Seltenheit. Sie werden als Bereicherung und wertvolle Ressource betrachtet und sollen das Rollenbild für Jungen übernehmen. Dies soll später die Jungen, aber auch andere Männer, dazu ermutigen, soziale Berufe für sich zu wählen.

Durch die Differenzstrategien wie die des Female Leadership und Männlichkeit in sozialen Berufen können neuartige Positionen geschaffen werden, die sich nach den geschlechterspezifischen Merkmalen und Stereotypen orientieren. Dadurch ist es möglich, motivierte Fach- und Führungskräfte zu finden und zu behalten.

2.3.3 Aufhebungsstrategien zur Bekämpfung von Segregation

Anders als die Gleichheits- und Differenzstrategien, die an der (Zwei-)Geschlechtlichkeit festhalten, ist das Ziel der Aufhebungsstrategien, den zweigeschlechtlichen Rahmen zu transformieren. Für die Aufhebungsstrategien ist es nicht genug, den *Anteil* an Frauen in Führungspositionen oder den an Männern in den sozialen Berufen zu erhöhen. Sie wollen auch nicht Frauen in Führungspositionen oder Männer in sozialen Berufen als Rollenbilder befestigen. Sie wollen Rollenbilder (radikal) erweitern und von der Zweigeschlechtlichkeit und den damit verbundenen Stereotypen und Familienstrukturen vollständig entkoppeln. Ein weiteres Ziel ist die Aufhebung der Trennung zwischen Arbeitsmarkt und Betreuung, um eine Diversität unter den Betreuenden zu ermöglichen.

Das „Modell der universellen Betreuungsarbeit" von Nancy Fraser (2016, S. 98–193) ist ein Beispiel für eine Strategie zur Aufhebung geschlechterspezifischer horizontaler und vertikaler Segregation. Fraser entwickelte ihr Modell als Kritik gegenüber den Gleichheits- und Differenzstrategien. Beide Strategien betrachtet Fraser als problematisch. Die erste will, dass die Frauen den Männern ähnlicher werden, die zweite, dass die Frauen ihre biologische Differenz ohne finanzielle und biografische Verluste gestalten können (Fraser, 2016, S. 100). Keine von ihnen verlangt, dass Männer sich verändern.

Das Modell der universellen Betreuungsarbeit sieht vor, dass Menschen sowohl Erwerbstätigkeiten als auch Betreuungsaufgaben übernehmen. Sie übernehmen also das für Frauen typische Biografiemuster. Dafür müsste erstens die wöchentliche Arbeitszeit verkürzt werden. Die Menschen könnten nicht mehr Vollzeit arbeiten, oder zumindest würde unser Verständnis von einer Vollzeitstelle sich ändern. Zweitens würden die Betreuungsaufgaben nicht vollständig an die sozialen Dienste abgegeben werden, sondern als staatlich unterstützte (informelle oder formelle) Tätigkeit von allen übernommen werden. Neben Verwandten wie Eltern, die ihre Kinder betreuen, und Kindern, die ihre Eltern betreuen, würden auch nicht-verwandte kinderlose Menschen Betreuungsaufgaben übernehmen. Diese Regelung würde die heterosexuelle Familienstruktur als Leitbild der Betreuung und Existenzsicherung transformieren.

Das Modell ist radikal und wird noch nirgendwo vollständig umgesetzt. Einige seiner Elemente können im Fürsorgesektor jedoch erkannt werden. Ein Beispiel davon ist das holländische gemeinnützige ambulante Pflegeunternehmen Buurtzorg[2]. Die Arbeitsweise von Buurtzorg basiert auf der Kombination aus der informellen und der formellen (professionellen) Pflege. Die professionellen Buurtzorg-Pflegeteams übernehmen die Koordination und Planung für ihre pflegebedürftigen Patient*innen. Sie beteiligen und schulen aber das informelle Netzwerk in dem nahen Umfeld ihrer Patient*innen, ihre Angehörigen, Nachbar*innen und Freund*innen, sodass diese einen Teil der Betreuung übernehmen können. Dabei arbeiten die Pflegeteams völlig autonom und können mit ihren Patient*innen selbstständig entscheiden, was diese brauchen. Mehrere Personen

---

[2] https://www.buurtzorg-deutschland.de.

in der Nachbarschaft, die der Person nahestehen, übernehmen dann verschiedene Aufgaben, sei es für Waschen, Kleiden, Spaziergänge oder Kartenspielen morgens, mittags oder abends. So bringt das Unternehmen zustande, was sein Name verspricht: „Nachbarschaftshilfe".

Die Idee, die Nachbarschaft als Ressource zu verstehen, ist nicht neu. Sie ist das grundlegende Prinzip der Sozialraumorientierung in der Sozialen Arbeit und geht auf die Pionierin Jane Addams zurück. Für die sozialwirtschaftlichen Organisationen würde das Modell trotzdem eine Neuorganisation von professionellen Fachkräften und Ehrenamtlichen bedeuten sowie ein neuartiges Führungsverständnis voraussetzen, was durchaus als radikal empfunden werden könnte (Bestmann, 2020, S. 101). Die Vorbehalte beziehen sich insbesondere auf den neuartigen Führungsstil, der zur Leitung von völlig autonom arbeitenden Teams notwendig wird. Statt Zielvorgaben und Erfolgskontrollen basiert ein solcher Führungsstil auf Vertrauen, Kooperation und Kommunikation (Laib, 2019, S. 235).

Die neuartige Arbeitsweise scheint sich jedoch zu lohnen, denn die Erfahrungen mit dem Buurtzorg-Modell weisen eine außerordentlich hohe Motivation unter den Mitarbeitenden aus sowie eine hohe Zufriedenheit unter den Klient*innen, Angehörigen und anderen Beteiligten, ein enormes Unternehmenswachstum und beachtliches internationales Interesse.[3] Außerdem ist der Ansatz aus der Geschlechterperspektive interessant, denn durch das Einbinden der Nachbarschaft kann eine breitere Aufteilung der Betreuungsaufgaben erreicht werden. Wenn das Helfen und die Fürsorge sukzessive für alle, nicht nur für (verheiratete) Frauen, normal und alltäglich werden, kann nämlich auch die geschlechterspezifische Arbeitsteilung bzgl. der Erwerbs- und Betreuungsarbeit nach und nach aufgebrochen werden.

2.4 Mehrfachdiskriminierung des Personals: Nicht-binäre akademische Führungskräfte mit Behinderung oder Migrationshintergrund

Gesellschaftliche Phänomene wie transnationale Migration, demografischer Wandel, rechtliche Verankerung der Teilhabe für Menschen mit Behinderung und Pluralisierung von Lebensformen führen dazu, dass Organisationen der Sozialwirtschaft mit einer Vielfalt von Adressat*innen und einer Heterogenität der

---

[3] https://pflege-dschungel.de/buurtzorg/

Beschäftigten konfrontiert werden (Dreas, 2019, S. 1). Neben Geschlecht unterscheiden sich Menschen auch bzgl. Alter, Ethnie, körperlicher und psychischer Verfassung, sexueller Identität und Religion. Auch in der Sozialwirtschaft ist zunehmend die Rede von Vielfalt und Diversity. In den deutschsprachigen Wirtschafts- und Sozialwissenschaften genießt Diversity einen positiven Klang im Sinne von Anerkennung der Vielfalt zwischen Menschen, sie kann aber auch zu Problemen führen (Dreas, 2019, S. 5). Menschen können basierend auf der Heterogenität diskriminiert werden. Die heterogene Gruppe von Menschen stellt somit zwar eine Herausforderung für die Organisationen dar, birgt aber zugleich großes Potenzial.

2.4.1 Personal mit Behinderung

Nur ein knappes Drittel aller Menschen mit Behinderung in Deutschland ist erwerbstätig. Während die Erwerbsquote von Männern mit Behinderung bei 31,4 % liegt, beträgt sie bei Frauen mit Behinderung nur 27 % (Statistisches Bundesamt Destatis, 2019, S. 19). Genauso wie alle anderen Arbeitgeber*innen sind auch Organisationen in der Sozialwirtschaft verpflichtet, mindestens 5 % der Arbeitsplätze mit Arbeitnehmer*innen mit schweren Behinderungen zu besetzen. Anne Waldschmidt argumentiert jedoch, dass mit der Zuschreibung von (Schwer-)Behinderung oft eine strukturelle Benachteiligung und Diskriminierung verbunden ist (Waldschmidt, 2022, S. 3). Tatsächlich zahlen viele sozialwirtschaftlichen Organisationen lieber eine Ausgleichsabgabe, als Menschen mit einer Schwerbehinderung einzustellen. Die Interviewten in Heide Möller-Slawinskis und Franziska Jurzoks Studie belegen dies:

> „Die [Barrieren für Menschen mit Behinderung auf dem Arbeitsmarkt] sind sehr hoch und die liegen hauptsächlich in den Köpfen. Das ist immer noch so, dass die meisten Arbeitgeber das Bild haben, Menschen mit Behinderung sind schwach. Die sind nicht leistungsfähig, die sind nicht engagiert" (Möller-Slawinski & Jurzok, 2021, S. 69).

Das Sozialwesen ist ein bedeutend großer Arbeitgeber für Menschen mit Behinderung. Die meisten Beschäftigten mit Behinderung, sowohl Männer als auch Frauen, sind in Erziehung, Unterricht, Gesundheits- und Sozialwesen tätig (Statistisches Bundesamt Destatis, 2019, S. 20).

Von allen Beschäftigten ist die Arbeitszufriedenheit unter Frauen mit Behinderung am niedrigsten und keine andere Gruppe fühlt sich vergleichbar stark von Aufstieg, Führung und freier Gestaltung ferngehalten (Möller-Slawinski &

Jurzok, 2021, S. 42–43). *„Frauen mit Schwerbehinderung sehen sich nicht nur aufgrund ihrer Behinderung als häufig auf dem Arbeitsmarkt benachteiligt an, sondern sie sehen auch strukturelle Probleme, die Frauen ganz allgemein betreffen: grundsätzlich weniger erwerbstätig als Männer, weniger Aufstiegschancen, schlechtere Bezahlung, weniger Förderung"* (Möller-Slawinski & Jurzok, 2021, S. 74).

Möller-Slawinski und Jurzok belegen, dass der Anteil von Frauen mit Behinderung, die in einer Partnerschaft leben, 52 % beträgt, was weniger ist als bei Männern mit Behinderung (59 %). Dafür liegt der Anteil an Geschiedenen bei Frauen mit Behinderung bei 17,5 % und somit deutlich höher als bei Männern mit Behinderung (10 %). Diese Merkmale zusammen, also die strukturelle Benachteiligung von Frauen am Arbeitsmarkt, das Labeln als körperlich oder geistig unfähig sowie das häufige Alleinleben von Frauen mit Behinderung haben den Effekt, dass verhältnismäßig vielen Frauen mit Behinderung sowohl die partnerschaftliche Unterstützung als auch die Unterstützung durch die Vorgesetzten fehlen. Genau dieses Zusammenwirken der Merkmale kreiert die besondere Position der Frauen mit Behinderung als Arbeitskraft.

Die Interviewten in der Studie von Möller-Slawinski und Jurzok (2021, S. 64) berichten von Problemen bei der Berufsberatung in der Schule und im Arbeitsamt.

„Ich habe ja so einen Test gemacht auf dem Arbeitsamt. Und die hat dann gleich zu mir gesagt: ‚Sie müssen in die Werkstatt. Das wäre das Beste für Sie.' Eigentlich wollte ich da gar nicht hin, aber ich bin da halt hingegangen dann."

„Also zum Beispiel in der zwölften Klasse hat man ja eine Berufsberatung durchs Arbeitsamt gehabt damals. Und dann hat der Arbeitsamtspsychologe zu mir gesagt, ich könnte keine Sozialarbeit machen, weil da nämlich ja lauter Menschen mit Problemen auf mich zukommen würden. Und die hätten dann ja noch ein größeres Problem, weil sie mit mir nicht zurechtkämen als klein ..., weil ich kleinwüchsig bin."

Diese Aussagen deuten auf Situationen hin, in denen Menschen mit Behinderung gegen ihre eigentlichen Interessen und Motivationen beraten werden. Auch werden schwerbehinderte Menschen, die trotz Schwierigkeiten eine Beschäftigung finden, oft in solchen Bereichen eingesetzt, die sich an Behinderte richten (Panjas, 2014, o. S.), was die hohe Repräsentanz von Menschen mit Behinderung als Beschäftigte im Sozialwesen erklärt. Aus der intersektionalen Perspektive ist hier interessant, wie die Kategorie ‚Behinderung' die Kategorie ‚Arbeitskraft' und vielleicht sogar ‚Professionalität' zu dominieren scheint; mit dem Ergebnis, dass aus der Letzteren eine Subkategorie wird: ‚(professionelle) Arbeitskraft im Bereich der Behinderung'.

2.4.2 Personal mit Migrationshintergrund

22,6 Mio. Menschen in Deutschland haben einen Migrationshintergrund (Statistisches Bundesamt Destatis, 2023c). Das Statistische Bundesamt definiert Menschen mit Migrationshintergrund wie folgt: *„Eine Person hat einen Migrationshintergrund, wenn sie selbst oder mindestens ein Elternteil nicht mit deutscher Staatsangehörigkeit geboren wurde. Im Einzelnen umfasst diese Definition zugewanderte und nicht zugewanderte Ausländerinnen und Ausländer, zugewanderte und nicht zugewanderte Eingebürgerte, (Spät-)Aussiedlerinnen und (Spät-)Aussiedler sowie die als Deutsche geborenen Nachkommen dieser Gruppen"* (Statistisches Bundesamt Destatis, 2023c).

Aus Tab. 2.3 wird deutlich, dass Menschen ohne Migrationshintergrund in Deutschland zwar häufiger einen Hochschulabschluss haben als Menschen mit Migrationshintergrund. Allerdings ist der Anteil von Akademiker*innen mit Migrationshintergrund beachtlich in Anbetracht ihres Anteils an der Gesamtbevölkerung (27 %).

Bei einer näheren Betrachtung fällt allerdings *innerhalb der Gruppe von Menschen mit Migrationshintergrund* Migrant*innen auf, die die deutsche Staatsangehörigkeit und *keine* eigene Migrationserfahrung haben. Diese Menschen, die in Deutschland geboren und aufgewachsen sind, erlangen nämlich erstaunlich selten einen akademischen Hochschulabschluss im Vergleich zu den anderen Menschen mit Migrationshintergrund, noch seltener als die Eingebürgerten *mit* eigener Migrationserfahrung (Tab. 2.4). Von allen Akademiker*innen mit dem Bachelor- oder Masterabschluss als höchster Bildungsabschluss sind 8% bzw. nur 6% Migrant*innen ohne eigene Migrationserfahrung (Ebert & Heublein 2017, S. 14).

Tab. 2.3 Höchster beruflicher Bildungsabschluss Menschen in Deutschland 2021

Höchster Beruflicher Abschluss	Anteil Menschen *ohne* Migrationshintergrund	Anteil Menschen *mit* Migrationshintergrund ca. 22,6 Mio
Bachelor	62 %	38 %
Master	63 %	37 %
Diplom	82 %	18 %
Promotion	80 %	20 %

Quelle: Eigene Berechnungen basierend auf Statistisches Bundesamt (Destatis) (2023d)

Tab. 2.4 Akademiker*innen mit Migrationshintergrund mit und ohne eigene Migrationserfahrung (anteilig)

Höchster beruflicher Abschluss	Anteil Menschen mit deutscher Staatsangehörigkeit *mit* eigener Migrationserfahrung	Anteil Menschen mit deutscher Staatsangehörigkeit *ohne* eigene Migrationserfahrung	Anteil Ausländer*innen *mit* eigener Migrationserfahrung	Anteil Ausländer*innen *ohne* eigene Migrationserfahrung
Bachelor	8 %	8 %	22 %	1,4 %
Master	8 %	6 %	23 %	Statistisch unsicher
Diplom	7 %	4 %	7 %	5 %
Promotion	7 %	5 %	9 %	Statistisch unsicher

Quelle: Eigene Berechnungen basierend auf Statistisches Bundesamt (Destatis) (2023d)

2.4 Mehrfachdiskriminierung des Personals: Nicht-binäre ...

Der Gap zwischen akademisch ausgebildeten jungen Menschen mit und ohne Migrationshintergrund schließt sich jedoch allmählich. Im Jahr 2021 betrug der Anteil von akademisch ausgebildeten 25- bis 35-jährigen Personen mit Migrationshintergrund 29,4 % und der von 25- bis 35-jährigen ohne Migrationshintergrund 29,9 %. Die Anteile von 25- bis 35-Jährigen mit Migrationshintergrund *ohne* eigene Migrationserfahrung (20 %) blieb jedoch weiterhin deutlich hinter der Gruppe von jungen Personen *mit* eigener Migrationserfahrung (31,6 %) (Abb. 2.4). Gründe für diesen deutlichen Unterschied im Bildungsstand kann die überdurchschnittlich hohe Studienabbruchquote bei Migrant*innen der zweiten generation sein (Ebert & Heublein 2017, S. 14). Außerdem erwerben Menschen mit eigener Migrationshintergrund ihren Hochschulabschluss oft im Ausland, insbesondere Ausländer*innen mit eigener Migrationserfahrung.

Welche Rolle der Migrationshintergrund im Arbeitsalltag der Akademiker*innen der Sozialen Arbeit spielt, ließe sich aus der intersektionalen Perspektive beobachten. Ernüchternd stellt Johannes Kloha (2018, S. 218) jedoch fest, dass im Diskurs innerhalb der Sozialen Arbeit die Professionalität der Sozialarbeitenden mit Migrationshintergrund kaum Beachtung findet und dass es nur wenig Forschung zum Thema gibt. In seiner eigenen Studie berichtet Kloha von einer Praktikantin der Sozialen Arbeit, deren Anleiterin ihr erzählt, dass sie wegen ihres Migrationshintergrunds angenommen wurde. Ohne fachspezifische

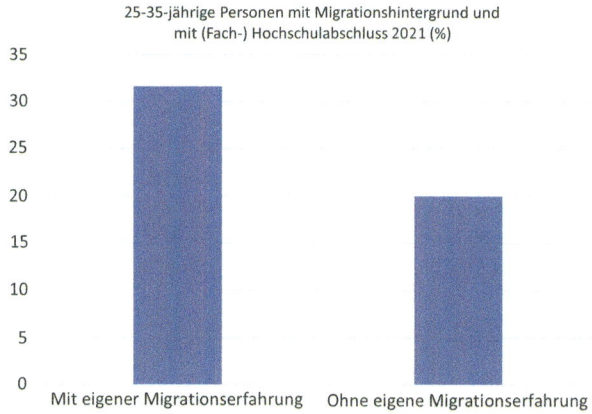

Abb. 2.4 Anteil der 25–35-jährigen Personen mit Migrationshintergrund und (Fach-) Hochschulabschluss 2021. (Quelle: Eigene Abbildung basierend auf Statistisches Bundesamt (Destatis) (2022b))

Kenntnisse wird ihr aufgrund ihres eigenen Migrationshintergrunds die Expertise in Migrations- und Integrationsfragen zugeschrieben. Analog zum Verhältnis zwischen Behinderung und (professioneller) Arbeitskraft wird die Praktikantin primär als Migrantin wahrgenommen und erst danach als angehende *professionelle* Schulsozialarbeiterin. Da die Anleiterin Praktikant*innen generell als arbeitsintensiv wahrnimmt, hatte die Schule nicht besonders aktiv nach Praktikant*innen gesucht. Die Praktikantin empfindet ihren Migrationshintergrund deshalb einerseits als „Türöffner" zur Schulsozialarbeit und als etwas Positives. Andererseits kommt sie sich wie „ein kleines Sozialprojekt" vor, eine Exotin, bei der beobachtet werden sollte, wie die Kinder auf eine professionelle Schulsozialarbeiter*in mit Migrationshintergrund reagieren würden (Kloha, 2018, S. 222–223). Aus dem Zusammenwirken des Bildungsstands und des Migrationshintergrunds entsteht die intersektionale Position einer Professionellen, in der der Bildungsstand weniger Gewicht hat als die individuelle Eigenschaft als Migrant*in.

Das gleiche Phänomen ist beim wissenschaftlichen Personal an deutschen Hochschulen beobachtbar. In Sozialwissenschaften wie auch in anderen Disziplinen wird Wissenschaftler*innen mit Migrationshintergrund häufig der Status als Diversity-Expert*in zugeschrieben (Bakshi-Hamm, 2008; Engel, 2021; Skachkova, 2007). Während die diversitätsbezogene Zuschreibung der Professionalität einigen als Türöffner behilflich sein mag, diskriminiert sie andere. Einerseits müssen Sozialarbeiter*innen und Wissenschaftler*innen ohne Migrationshintergrund nämlich ihre Fähigkeiten und eigenen Erfahrungen über das Fremdsein belegen können, um als Diversity-Expert*in ernst genommen zu werden. Wissenschaftler*innen mit Migrationshintergrund dagegen kämpfen gegen Vorbehalte gegenüber ihrem Wissenstand zu Themen, die nichts mit Diversity zu tun haben.

Es besteht somit die Gefahr im Sozialwesen, den Beschäftigten mit Migrationshintergrund vorwiegend migrationsbezogene Aufgaben und Beschäftigten mit Behinderung behinderungsbezogene Aufgaben – unabhängig von ihren eigenen Wünschen – anzuvertrauen.

2.4.3 Religion und sexuelle Orientierung

Deutschland kann als eine multiethnische und multireligiöse Gesellschaft bezeichnet werden. Das Grundgesetz schützt die Vielfalt der Weltanschauungen, indem es die Konfessionsfreiheit der Bürger garantiert und jegliche Diskriminierung basierend auf Geschlecht, Ethnie, sexueller Orientierung oder Religion

2.4 Mehrfachdiskriminierung des Personals: Nicht-binäre … 43

verbietet. Zunehmend wird von religiöser Pluralisierung Deutschlands gesprochen. Dies bedeutet, dass ein immer größerer Anteil der Bevölkerung nicht zu den zwei großen christlichen Konfessionen angehört. 2020 waren es 49 % der gesamten Bevölkerung (Abb. 2.5). Fast die Hälfte der Bevölkerung hat somit eine andere Weltanschauung als römisch-katholisch oder evangelisch. Oft wird die religiöse Pluralisierung mit Menschen mit Migrationshintergrund, insbesondere mit Muslim*innen, assoziiert. Aus der Statistik (Abb. 2.4) wird die Pluralisierung jedoch in erster Linie durch die Kategorie ‚Konfessionsfreie' ersichtlich, zu der mittlerweile 41 % der Bevölkerung gehören. Alexander-Kenneth Nagel (2017, S. 72–73) kritisiert jedoch, dass diese große heterogene Gruppe einheitlich als ‚konfessionsfrei/konfessionslos' zu bezeichnen etwas irreführend ist, da sie sowohl spirituell-interessierte, religiös-indifferente als auch atheistische Personen erfasst.

Im deutschen Sozial-, Gesundheits- und Bildungswesen sind die zwei christlichen Kirchen die größten freien Leistungsträger. Die religiöse Pluralisierung fordert die konfessionellen sozialwirtschaftlichen Organisationen heraus: Einerseits

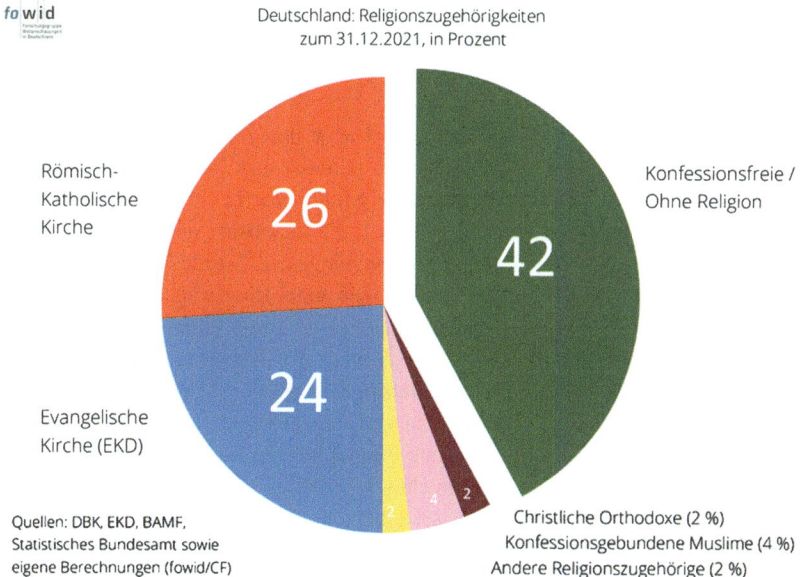

Abb. 2.5 Religionszugehörigkeiten in Deutschland 2021. (Quelle: fowid Forschungsgruppe Weltanschauungen in Deutschland (2022))

muss bei der Angebotskonzeption die Weltanschauungsvielfalt der Klient*innen besser berücksichtigt werden, andererseits auch die des eigenen Personals. Bemerkenswert ist, dass die zwei christlichen Kirchen in Deutschland ihr eigenes Arbeitsrecht haben. Dazu gehört die „Grundordnung des kirchlichen Dienstes im Rahmen kirchlicher Arbeitsverhältnisse" (GrOkathK) für die Organisationen katholischer Konfession. Diese schreibt u. a. vor, dass die „Mitarbeiterinnen und Mitarbeiter die Eigenart des kirchlichen Dienstes bejahen" (Art. 3 Abs. 1) und *„die Grundsätze der katholischen Glaubens- und Sittenlehre anerkennen und beachten"* sollen (Art. 4 Abs. 1). Solange die Bewerber*innen angeben, die *„Eigenart des kirchlichen Dienstes"* und die Glaubens- und Sittenlehre beachten zu wollen, können sie ungeachtet ihrer Heterogenität vielerorts in sozialwirtschaftlichen Organisationen eingesetzt werden; Frauen, Männer und Diverse sowie Katholik*innen, Muslim*innen und Atheist*innen ebenso wie Hetero-, Bi- oder Homosexuelle.[4] Das, was ein Mensch *ist,* seine individuelle Identität, ist dabei nicht ausschlaggebend. Die konfessionellen sozialwirtschaftlichen Organisationen dürfen somit keine Menschengruppe nur aufgrund der Zugehörigkeit zu einem bestimmten Geschlecht, einer Religion, sexuellen Orientierung oder Ethnie diskriminieren. Allerdings werden erzieherische und leitende, genauso wie pastorale und katechetische Aufgaben, in der Regel nur einer Person übertragen, die der katholischen Kirche angehört (Art 3 Abs. GrOkathK). Somit sind die für die Sozialwirtschaft relevanten erzieherischen und leitenden Positionen nicht allen Beschäftigten frei zugänglich.

Problematisch und diskriminierend wird aber das *Tun und Praktizieren* der eigenen Identität, die Lebensführung. Dazu gehörte auch lange die Privatsphäre der Beschäftigten; u. a., mit wem der/die Mitarbeiter*in Sex hatte sowie wie und wen er/sie heiratete. Hier griff nämlich die Glaubens- und Sittenlehre ein, die bei Katholik*innen sogar noch strenger eingesetzt wurde als bei anderen Beschäftigten. Die Zivilehe und das Eingehen einer eingetragenen Lebenspartnerschaft wurden für sie als Loyalitätsbruch bewertet und fuhren zur Kündigung des Arbeitsvertrags (Art. 5). In der Praxis hatte die Trennung zwischen ‚etwas sein' und ‚etwas anderes tun' zu ungleichen intersektionalen Positionen geführt. So konnte ann eine mit einem Christen zivilrechtlich verheiratete Muslima mit bisexueller Identität eingestellt werden, aber nicht eine Katholikin mit bisexueller Identität, die mit einer Frau zivilrechtlich verheiratet ist. Die Diskriminierung bezog sich dabei nicht auf die Bisexualität an sich, weil somit ja nicht alle Beschäftigten mit bisexueller Identität diskriminiert werden. Die Diskriminierung

---

[4] Der Zugang zu bestimmten kirchlichen Leitungsfunktionen und zur Priesterweihe bleibt Frauen weiterhin verwehrt.

2.4 Mehrfachdiskriminierung des Personals: Nicht-binäre ...

basierte darauf, wie die sexuelle Identität nach außen repräsentiert wird. Einige Formen davon (Partnerschaft/Ehe zwischen Mann und Frau) wurden akzeptiert, andere nicht (gleichgeschlechtliche Partnerschaft/Ehe). Während die bisexuellen Paare unterschiedlichen Geschlechts ihre Liebe und Sexualität angstfrei zu Hause ausleben konnten, wurden die gleichgeschlechtlichen Paare zur asexuellen Lebensführung gedrängt, wenn sie weiterhin ihren Beruf ausüben oder an Leitungspositionen gelangen wollten.

Diese Ungleichheit verursachte nicht nur eine verminderte Motivation der Beschäftigten wegen verwehrter Karriereoptionen, sondern auch eine Gefährdung der finanziellen Existenz ganzer Familien, ja, der mentalen Gesundheit. Gegen solche ungleichen Positionen haben über einhundert hauptamtliche, ehemalige und ehrenamtliche Mitarbeiter*innen der römisch-katholischen Kirche im Januar 2022 ein offenes Manifest vorgelegt, in der sie eine gleichberechtigte Teilhabe und ein angstfreies Leben als Kirchenmitglieder und Beschäftigte forderten.[5] Der überwiegende Anteil an deutschen Bischöfen unterstützte das Manifest, und die Grundordnung selbst wurde am 22.11.2022 geändert. Im Artikel 7 GrO wird das Privatleben der Beschäftigten nun als tabu für den Dienstgeber erklärt. Da die sexuelle Orientierung und eine Wiederheirat als private Angelegenheiten der Beschäftigten anerkannt wurden, sind sie keine Kündigungsgründe mehr Unklar bleibt, wie die eigene Geschlechtsidentität bei der Ausübung des Berufs ausgelebt werden darf. Kirchenaustritt stellt weiterhin sowohl ein Einstellungshindernis als auch einen Kündigungsgrund dar.

Literaturempfehlungen zur Vertiefung
Booth, S. (2021). Mehr Männer in soziale Berufe?: Genderkonstruktionen im Diskurs der kirchlichen Wohlfahrtsverbände. *Soziale Passagen, 13*(1), 75–93. https://doi.org/10.1007/s12592-021-00374-5.

Kohaut, S., & Möller, I. (2019). Neues auf den Führungsetagen. *IAZ-Kurzbericht, 23*(8).

Fragen zur Übung und Kontrolle des Lernerfolgs:

1. Was ist problematisch bei horizontaler und vertikaler Segregation für Männer in der Sozialwirtschaft?
2. Mit welcher Motivationskombination würden Sie Ihre eigene Arbeitsmotivation bezeichnen?

---

[5] https://outinchurch.de/manifest/forderungen/

3. Zu welcher der Strategien könnte die Forderung nach höheren Löhnen im sozialen Sektor gehören?
4. Welche Differenzkategorien bezeichnen Ihre eigene Handlungsposition?

Literatur

Bakshi-Hamm, P. (2008). Wissenschaftlerinnen mit Migrationshintergrund und ihre Erfahrungen an deutschen Universitäten. In I. Lind & H. Löther (Hrsg.), *Wissenschaftlerinnen mit Migrationshintergrund* (S. 61–75). GESIS – Leibniz-Institut für Sozialwissenschaften Kompetenzzentrum.

Bestmann, S. (2020). Personal- und Organisationsentwicklung als Grundbedingung zur Umsetzung des Fachkonzeptes Sozialraumorientierung. In U. Wössner (Hrsg.), *Sozialraumorientierung als Fachkonzept Sozialer Arbeit und Steuerungskonzept von Sozialunternehmen* (S. 89–108). Springer Fachmedien. https://doi.org/10.1007/978-3-658-210 38-0_5.

Booth, S. (2021). Mehr Männer in soziale Berufe?: Genderkonstruktionen im Diskurs der kirchlichen Wohlfahrtsverbände. *Soziale Passagen, 13*(1), 75–93. https://doi.org/10.1007/s12592-021-00374-5.

Bundesagentur für Arbeit. (2021a). *Die Arbeitsmarktsituation von Frauen und Männern 2020. Bundesagentur für Arbeit.* https://statistik.arbeitsagentur.de/DE/Statischer-Content/Statistiken/Themen-im-Fokus/Frauen-und-Maenner/generische-Publikationen/Frauen-Maenner-Arbeitsmarkt.html?__blob=publicationFile.

Bundesagentur für Arbeit. (2021b). *Entgelte nach Berufen im Vergleich.* https://statistik.arbeitsagentur.de/DE/Navigation/Statistiken/Interaktive-Statistiken/Entgelte-Berufe/Entgelte-nach-Berufen-im-Vergleich-Nav.html.

Burel, S. (2020). (Fe)Male Leadership? Female Leadership! In S. Burel (Hrsg.), *Quick Guide Female Leadership* (S. 11–28). Springer. https://doi.org/10.1007/978-3-662-61303-0_2.

Deci, E., & Ryan, R. (1993). Die Selbstbestimmungstheorie der Motivation und ihre Bedeutung für die Pädagogik. *Zeitschrift für Pädagogik, 39*(2), 223–238.

Dreas, S. A. (2019). *Diversity Management in Organisationen der Sozialwirtschaft: Eine Einführung.* Springer Fachmedien. https://doi.org/10.1007/978-3-658-20546-1.

Ebert, J. & Heublein, U. (2017). Studienabbruch bei Studierenden mit Migrationshintergrund. DZHW Deutsches Zentrum für Hochschul- und Wissenschaftsforschung und Stiftung Mercator. https://www.stiftungmercator.de/content/uploads/2020/12/Ursachen_des_Studienabbruchs_bei_Studierenden_mit_Migrationshintergrund_Langfassung.pdf

Engel, O. (2021). *Professoren mit Migrationshintergrund: Benachteiligte Minderheit oder Protagonisten internationaler Exzellenz.* Springer Fachmedien. https://doi.org/10.1007/978-3-658-32411-7.

Eurostat. (15.12.2022). *Erwerbstätigenquoten nach Geschlecht, Alter und Staatsangehörigkeit (%).* https://ec.europa.eu/eurostat/databrowser/view/LFSA_ERGAN$DV_580/default/bar?lang=de&category=eq.eq_age.eq_alm.

Literatur

Eurostat. (11.1.2023). *Part-time employment as a percentage of the total employment, by sex and age*. https://ec.europa.eu/eurostat/databrowser/view/LFSQ_EPPGA__custom_4823451/default/bar?lang=en.

fowid Forschungsgruppe Weltanschauungen in Deutschland. (2022). *Religionszugehörigkeiten in Deutschland*. https://fowid.de/meldung/religionszugehoerigkeiten-2021. letzter Zugriff 5.10.2023.

Fraser, N. (2016). *Die halbierte Gerechtigkeit* (3. Aufl.). Suhrkamp.

Herzberg, F. (1968). One more time: How do you motivate employees? *Harvard Business Review, 46*, 53–62.

International Monetary Fund. (2013). Jobs and Growth—Analytical and Operational Considerations for the Fund. *Policy Papers, 2013*(18). https://doi.org/10.5089/9781498342148.007.

Jung, C., & Morner, M. (2016). Das Glasperlenspiel der intrinsischen Motivation – Führungskräfte zwischen gemeinsamen Werten und eigener Verantwortung. *Zeitschrift für Wirtschafts- und Unternehmensethik, 17*(2), 236–258. https://doi.org/10.5771/1439-880X-2016-2-236.

Kirchhoff-Kestel, S., & Morgenroth, T. (2021). Frauen in Vorständen der Diakonie – Erfolgsfaktoren und Stolpersteine. 11. *Verbands-Management (VM) – Fachzeitschrift für Verbands- und Nonprofit-Management, 47*(3), 34–43.

Kloha, J. (2018). Identifikation und Befremdung: Eine Fallstudie zur professionellen Sozialisation einer angehenden Sozialarbeiterin mit einer Migrationsgeschichte. *Zeitschrift für Qualitative Forschung, 19*(1–2), 217–232. https://doi.org/10.3224/zqf.v19i1-2.14.

Knopp, R., & van Rießen, A. (2020). Das Handlungsfeld Sozialraum aus der Perspektive Sozialer Arbeit: Gemeinwesenarbeit – Sozialraumarbeit – Quartiersmanagement. In M. Burmester, S. C. Funk, D. Ziseis, J. Friedemann, & S. Kühnert (Hrsg.), *Die Wirkungsdebatte in der Quartiersarbeit* (S. 3–17). VS Springer.

Kohaut, S., & Möller, I. (2019). Frauen in leitenden Positionen: Leider nichts Neues auf den Führungsetagen. *IAZ-Kurzbericht, 23*(8).

Körner, A., & Reichl, J. (2018). *Berufswege in der Sozialwirtschaft – Vom Beruf zur Berufung? be/pe/so – Berufswege und Personalentwicklung in der Sozialwirtschaft*. AGJF Sachsen e.V.

Laib, A. (2019). Schwarmintelligenz – mehr als ein Modebegriff? In M. W. Fröse, B. Naake, & M. Arnold (Hrsg.), *Führung und Organisation* (S. 231–248). Springer Fachmedien Wiesbaden. https://doi.org/10.1007/978-3-658-24193-3_12.

Lange, R. (2010). Gender Mainstreaming: Stand und Perspektiven in Organisationen der Sozialen Arbeit. In C. Engelfried & C. Voigt-Kehlenbeck (Hrsg.), *Gendered Profession – Soziale Arbeit vor neuen Herausforderungen in der zweiten Moderne* (S. 173–192). VS Verlag.

Maslow, A. (1943). A theory of human motivation. *Psychological Review, 50*, 370–396.

Methfessel, B. (2020). Maslows Bedürfnistheorie und ihre Bedeutung für die Fachdidaktik. *Haushalt in Bildung & Forschung, 9*(1), 69–86. https://doi.org/10.3224/hibifo.v9i1.05.

Möller-Slawinski, H., & Jurzok, F. (2021). *Situation von Frauen mit Schwerbehinderung am Arbeitsmarkt*. SINUS Markt- und Sozialforschung.

Nagel, Alexander-Kenneth (2017). Migration und religiöse Pluralisierung in Deutschland. JCSW 58 (2017), S. 67 – 90 | urn:nbn:de:hbz:6:3-jcsw-2017-20692

Panjas, J. (2014, November 31). Caritas beschäftigt mehr Schwerbehinderte. *Neue Caritas.* https://www.caritas.de/neue-caritas/heftarchiv/jahrgang2014/artikel/caritas-beschaeftigt-mehr-schwerbehinderte. letzter Zugriff 5.10.2023.

Peters, S. C. (2018). Defining social work leadership: A theoretical and conceptual review and analysis. *Journal of Social Work Practice, 32*(1), 31–44. https://doi.org/10.1080/026 50533.2017.1300877.

Serries, C. (2005). *Die Bedeutung der intrinsischen Motivation in Prinzipal-Agent-Beziehungen am Beispiel der Beratungsstellen kirchlicher Wohlfahrtsverbände.* Georg-August-Universität Göttingen.

Skachkova, P. (2007). Academic careers of immigrant women professors in the U.S. *Higher Education, 53*(6), 697–738.

Statistisches Bundesamt (Destatis). (2017). *Verdienste auf einen Blick.* https://www.des tatis.de/DE/Themen/Arbeit/Verdienste/Verdienste-Branche-Berufe/Publikationen/Dow nloads/broschuere-verdienste-blick-0160013179004.pdf?__blob=publicationFile.

Statistisches Bundesamt (Destatis). (2019). *Öffentliche Sozialleistungen. Lebenslagen der behinderten Menschen, Ergebnis des Mikrozensus 2019.* https://www.destatis.de/DE/ Themen/Gesellschaft-Umwelt/Gesundheit/Behinderte-Menschen/Publikationen/Downlo ads-Behinderte-Menschen/lebenslagen-behinderter-menschen-5122123199004.pdf?__ blob=publicationFile.

Statistisches Bundesamt (Destatis). (2022). *Anteil der 25- bis unter 35-jährigen Personen mit (Fach-)Hochschulabschluss 2005–2021.* https://www.destatis.de/DE/Themen/Ges ellschaft-Umwelt/Bevoelkerung/Migration-Integration/Tabellen/integrationsindikatoren-personen-mit-hochschulabschluss.html.

Statistisches Bundesamt (Destatis). (2023a). *Verdienstunterschied zwischen Männern und Frauen.* https://www.destatis.de/DE/Themen/Arbeit/Verdienste/Verdienste-Gender PayGap/_inhalt.html.

Statistisches Bundesamt (Destatis). (2023b). *Frauenanteil in Führungspositionen 2021.* https://www.destatis.de/Europa/DE/Thema/Bevoelkerung-Arbeit-Soziales/Arbeitsmarkt/ Qualitaet-der-Arbeit/_dimension-1/08_frauen-fuehrungspositionen.html;jsessionid=A10 7867C18BD9ECE92D206A865821ED6.live712.

Statistisches Bundesamt (Destatis). (2023c). *Bevölkerung. Migration und Integration.* https:/ /www.destatis.de/DE/Themen/Gesellschaft-Umwelt/Bevoelkerung/Migration-Integr ation/_inhalt.html.

Statistisches Bundesamt (Destatis). (2023d). *Bevölkerung in Privathaushalten nach Migrationshintergrund und höchstem beruflichen Bildungsabschluss.* https://www.destatis.de/ DE/Themen/Gesellschaft-Umwelt/Bevoelkerung/Migration-Integration/Tabellen/migrat ionshintergrund-beruflicherabschluss.html.

Stuhlmann, K., & Erpf, P. (2021). Frauen führen nonprofit-Organisationen – Na und? *VM Fachzeitschrift für Verbands- und Nonprofit-Management, 3,* 6–11.

Waldschmidt, A. (2022). Disability Studies. In R. Gugutzer, G. Klein, & M. Meuser (Hrsg.), *Handbuch Körpersoziologie 2* (S. 91–104). Springer Fachmedien.

Entscheidungstheoretische Grundannahmen und Geschlecht 3

Zusammenfassung

Entscheidungstheorien erklären Entscheidungsprozesse. Sie suchen nach Erklärungen unter anderem dafür, welche Faktoren das Entscheidungsergebnis beeinflussen, sowie Gründe für (un-)vorteilhafte individuelle Entscheidungen. Als eine ökonomische Analyse der Sozialen Arbeit übernimmt die sozialwirtschaftliche Perspektive die entscheidungstheoretischen Annahmen überwiegend aus der wirtschaftswissenschaftlichen Anwendung, die traditionell die Geschlechterperspektive gänzlich ignoriert. Die Entscheidungen richten sich nach stabilen individuellen Präferenzen. Die Neue Haushaltstheorie geht zwar von divergierenden Präferenzen der Haushaltsmitglieder aus, kann aber nicht erklären, wie die Haushaltsmitglieder sich auf eine gemeinsame Präferenzordnung einigen. Sie unterstellt symmetrische Machtverhältnisse zwischen den Haushaltsmitgliedern. Mit geschlechterspezifischem Wissen und geschlechtersensibler Reflexivität können die sozialwirtschaftlichen Organisationen die Vereinbarkeit von Familie und Beruf ihrer Belegschaft und ihrer Klient*innen fördern. Bei der Förderung können alle drei feministischen Strategien eingesetzt werden. Die Entscheidungen des weiblichen Personals in der Sozialwirtschaft sind jedoch abhängig von den Entscheidungsmöglichkeiten ihrer Partner*innen in anderen Wirtschaftsbereichen.

> **Lernziele**
>
> - Entscheidungstheoretische Grundlagen kennenlernen
> - Feministische Kritik zu mikroökonomischen Haushaltstheorien kennenlernen
> - Die Bedeutung von geschlechtersensibler Reflexivität verstehen können
> - Haushaltsinterne Entscheidungsprozesse reflektieren können

3.1 Individuelle Bedürfnisse und Entscheidungen innerhalb des Haushalts: Meine Berufswahl gehört mir!

Entscheidungstheorien beschäftigen sich mit Möglichkeiten, Problemen und Entscheidungsverhalten von Individuen und Gruppen in Entscheidungsprozessen. Unter ‚Entscheidung' wird „die (mehr oder weniger bewusste) Auswahl einer von mehreren möglichen Handlungsalternativen" verstanden (Laux et al., 2018, S. 3). Diese Definition bedeutet, dass die Individuen existierende Alternativen erstens erkennen und zweitens eine davon wählen können. Auch Nichtstun kann eine Alternative darstellen. Weiterhin gehen die meisten Entscheidungstheorien davon aus, dass Individuen einem individuellen Ziel folgen und dass die Handlungsalternativen und das Entscheidungsverhalten selbst sich auf dieses Ziel beziehen.

$$\text{Handlungsalternative} \Rightarrow \text{Ziel}$$

Dann bewerten sie mithilfe vorhandener Informationen, mit welcher Handlungsalternative sie ihr Ziel am besten erreichen können, und wählen diejenige aus, mit der sie mit höchster Wahrscheinlichkeit ihr Ziel erreichen können. Ein solches Entscheidungsverhalten, das das individuelle Ziel mit der bestmöglichen Handlungsalternative zu erreichen ersucht, wird dabei als rational bezeichnet.

3.1.1 Homo Oeconomicus

Die Rationalitätsannahme gipfelt im fiktiven Wirtschaftssubjekt *homo oeconomicus,* das alle seine Entscheidungen rational trifft. Dieses wirtschaftswissenschaftlich kreierte Subjekt agiert auf dem Markt mit dem Ziel, seinen eigenen Nutzen zu maximieren (Rosa et al., 2018, S. 247). Dabei sind Ziel und Nutzen selbst nicht moralisch beladen. Die ökonomische Rationalität bedeutet lediglich, irgendwelche Ziele mit einem minimalen Mitteleinsatz zu erreichen (Finis Siegler, 2021a, S. 59). Homo Oeconomicus ersucht einen größtmöglichen Nutzen mit kleinstmöglichem Ressourceneinsatz (Kosten) zu erlangen.

Für die Sozialwirtschaft ist das Konzept aus mehreren Gründen problematisch. Erstens wurde homo oeconomicus für den Markt kreiert, wo er als Marktteilnehmer Güter und soziale Dienstleistungen kauft und verkauft. Bei der sozialwirtschaftlichen Anwendung bleibt somit der ganze unbezahlte Bereich der Dienstleistungsproduktion unberücksichtigt. Alle Tätigkeiten, die Haushalte und Ehrenamtliche ausüben, werden nicht über den Markt verhandelt. Letztendlich kann nur ein kleiner Teil der Entscheidungen in der Sozialwirtschaft mit der Kosten-Nutzen-Analyse begründet werden.

Weiterhin wird der ‚rational man' „als *kühler* Entscheider gesehen, der stabile Präferenzen hat, versunkene Kosten ignoriert und sich nicht von Stimmungen beeinflussen lässt" (Domeier, 2020, S. 78). Als ob er in einer Blase lebe. Sozialwirtschaftliche Analyse als eine ökonomische Betrachtung der Sozialen Arbeit bedeutet jedoch, die Soziale Arbeit als personenbezogene Dienstleistung in organisationalen Kontexten zu betrachten (Finis Siegler, 2021a, S. 3). Finis Siegler bemerkt erstens, dass die Klientel als Leistungsempfänger*innen auf den Leistungsinhalt keinen Einfluss hat, da dieser zwischen dem Kostenträger und dem Dienstleistungsanbieter verhandelt wird (Finis Siegler, 2021a, S. 3). Der Nutzen der Klientel wird weitestgehend von anderen definiert und basiert nicht auf individuellen Entscheidungen der Klient*in, wie theoretisch angenommen. Wissenschaftler*innen bemerken außerdem, dass das ökonomische Konzept die Geschlechterstereotype und die geschlechtsspezifische Arbeitsmarktsegregation ignoriert (Maier, 2019, S. 647). Manche Handlungsalternativen stehen den Frauen bzw. Männern unterschiedlich zur Verfügung. Matthias Rübner und Stefan Höft kritisieren den kompletten Begriff Berufs*wahl,* da dieser das komplexe Wechselspiel zwischen Person und Umwelt ignoriert (Rübner & Höft, 2019, S. 41).

Friederike Maier (2019, S. 647) bemerkt, dass es sich bei den Berufswahlentscheidungen etwa nicht nur um unvollständige Informationen zu den existierenden Handlungsalternativen handelt, sondern dass Umweltfaktoren wie

Geschlechterstereotype und die geschlechterspezifische Arbeitsmarktsegregation auch den Arbeitsmarkt prägen. Warum Frauen sich für soziale Berufe und Teilzeitarbeit entscheiden, spielt aber für die ökonomische Analyse, die auf individuellen Präferenzen und individuellem Nutzen beruht, keine Rolle. Die Präferenzen werden als individuell angenommen und als solche behandelt.

3.1.2 Entscheidungen innerhalb des Haushalts

Ein wichtiger Kontext der Entscheidungsprozesse ist die Familie, die die Grundlage der deutschen Sozialpolitik bildet. Anders als der homo oeconomicus, welcher auf der individuellen Nutzenmaximierung und Entscheidungsfindung basiert, orientiert sich die deutsche Sozialpolitik nach Entscheidungen innerhalb von Haushalten. Diese Denkweise ist neben der kirchlich geprägten Gesellschaftstradition auch auf die mikroökonomische Haushaltstheorie zurückzuführen, die die Haushalte als zentrale Entscheidungseinheiten betrachtet. Nach mikroökonomischem Verständnis orientieren sich die Haushalte bei der Nutzenmaximierung an ihren haushaltsbezogenen Bedürfnissen, Einkommen und Präferenzen statt an den individuellen Bedürfnissen, Einkommen und Präferenzen der einzelnen Haushaltsmitglieder. Der Haushalt fertigt seinen Haushaltsplan anhand seiner Bedürfnisse und Präferenzen. Er agiert als Konsument mit dem Ziel, seinen Nutzen zu maximieren (Woll, 2014, S. 98). Da sich die mikroökonomische Haushaltstheorie nicht für die *Entstehung* der Bedürfnisse und Präferenzen der Haushalte interessiert, bleibt völlig unklar, wie die gemeinsamen und einvernehmlichen Bedürfnisse und Präferenzen zustande kommen. Feministische Ökonom*innen kritisieren schon lange die Haushaltstheorie aufgrund ihrer Blindheit gegenüber den ungleichen Machtpositionen von Mann und Frau innerhalb der Familie. Die Haushaltstheorie ignoriert die innerfamiliären Machtverhältnisse im Entscheidungsprozess und ist somit, ähnlich wie das Konzept des homo oeconomicus, blind gegenüber den Geschlechterverhältnissen.

Anders als die neoklassische Haushaltstheorie betrachtet die Neue Haushaltstheorie (NHT, New Home Economics) Haushalte/Familien sowohl als Konsument*innen als auch als Produzent*innen. Für die NHT gibt es zwei Formen der Produktion – außerhalb und innerhalb der Familie. Die Familie kann Güter, die zur Wohlfahrt, zur Gesundheit, besserem Schlaf und Erziehung beitragen, entweder selbst produzieren oder auf dem Markt kaufen. Neben finanziellen Ressourcen steht Familien auch Zeit zur Verfügung. Die Familien können diese zwei Ressourcen beliebig und nach ihren eigenen Präferenzen kombinieren; einen Teil der Produktion übernehmen sie selbst, den Rest kaufen sie auf dem Markt. Jedes

3.1 Individuelle Bedürfnisse und Entscheidungen innerhalb des Haushalts ... 53

Familienmitglied maximiert seinen eigenen Nutzen, der dann mit den anderen Familienmitgliedern in Einklang gebracht werden muss, so, dass die Familie ihren gemeinsamen Nutzen maximieren kann. Dabei wollen die Familien ihren Nutzen nach dem ökonomischen Prinzip maximieren, indem sie immer die höherbezahlte Tätigkeit der niedriger bezahlten vorziehen. Innerhalb der Familie entsteht dadurch eine Arbeitsteilung, wo sich die Partner*innen jeweils auf unterschiedliche Tätigkeiten spezialisieren: Produktion auf dem Markt, Produktion innerhalb der Familie oder eine Kombination aus beiden. Der Entscheidungsprozess innerhalb der Familie folgt ausschließlich der Effektivitätslogik: Die Entscheidung wird rein wirtschaftlich kalkuliert, die Partner*innen übernehmen jeweils die Aufgaben, die sie zeitlich oder in monetärer Hinsicht effektiver bewältigen können (Becker, 1993, S. 31–32).

Die Neue Haushaltstheorie erweitert die Funktion der Familie von einer reinen Konsumgemeinschaft zur produzierenden Einheit und macht die Bedeutung der Care-Arbeit als produzierende Tätigkeit sichtbar. Somit beinhaltet sie Elemente der feministischen Differenzstrategie. Die strukturellen Gründe für die Arbeitsteilung innerhalb von Familie werden jedoch auch in der Neuen Haushaltstheorie nicht berücksichtigt. Theoretisch denkbar wäre, jede beliebige Arbeitsteilung innerhalb einer Familie als optimal im Sinne der Nutzenmaximierung zu betrachten. Für die Neue Haushaltstheorie ist die Entscheidung der Frau, Teilzeit zu arbeiten oder sich nicht für Leitungspositionen zu bewerben, ihre freie Wahl, um den Haushaltsnutzen zu maximieren. Dies ist verständlich, da die Präferenz, Vollzeit für wenig Geld zu arbeiten und dafür die Haushaltstätigkeiten teuer zu externalisieren, aus ökonomischer Sicht nicht optimal erscheint und aus diesem Grund nicht rational ist und von der Theorie deswegen unberücksichtigt bleibt. In der Praxis können die Familien ihre Entscheidungen zur Nutzenmaximierung jedoch nicht unabhängig von den strukturellen Faktoren wie Arbeitsmarktsegregation und ungleiches Lohnniveau in männer- und frauendominierten Sektoren treffen, was von der NHT ignoriert wird.

Auch die individuelle Abneigung gegenüber bestimmten Tätigkeiten wird ignoriert. Das Verhalten der Partner*innen wird als eine gemeinsame Entscheidung des Haushalts wahrgenommen. Es wird also angenommen, dass der/die weniger verdienende Partner*in sich freiwillig altruistisch zugunsten des/der mehr verdienenden Partner*in verhält. Somit geht auch die Neue Haushaltstheorie von symmetrischen Machtverhältnissen und gleichberechtigten Entscheidungsmöglichkeiten zwischen Mann und Frau innerhalb des Haushalts aus. Er/sie stellt ihre eigenen Präferenzen hinter Haushaltspräferenzen, die wiederum durch den ökonomischen Nutzen geordnet werden.

Bei näherer Betrachtung wiederholt die NHT die traditionelle neoklassische Mikroökonomik und festigt die geschlechtliche Arbeitsteilung: *"Angesichts biologischer und sozialisationsbedingter Vorteile der Frau bei der Hausarbeit, der Geburt und Betreuung von Kindern, setzt diese zumindest den Großteil ihrer Zeit in diesem Bereich ein. Der Mann hingegen geht, begründet durch seine Einkommensvorteile auf dem Arbeitsmarkt, im Idealfall einer Vollzeit-Erwerbstätigkeit nach. Seine Einkommensvorteile ergeben sich einerseits aus seiner im Allgemeinen höheren Berufsbildung"* (Klaus, 2010, S. 112). Die strukturellen Faktoren wie die ungleiche Lohnstruktur und die ungleiche Sozialisation der Geschlechter werden als gegeben hingenommen. Aus dieser Perspektive erscheint die Klassifizierung des deutschen Sozialstaates als ‚konservativer Typus' ganz plausibel.

> *"Der konservative Typus ist durch einen paternalistischen Interventionsstaat und den Einfluss der Kirchen charakterisiert. Die soziale Sicherung basiert auf der beitragsfinanzierten Sozialversicherung, deren Zugang an die Lohnarbeit gebunden ist. Die Leistungen aus der Sozialversicherung hängen in ihrer Höhe und Qualität von der Position auf dem Arbeitsmarkt ab. Ehefrauen werden über ihren Mann abgesichert. Andere Nicht-Erwerbstätige werden subsidiär auf die Familie oder auf Fürsorgeleistungen verwiesen. Die soziale Sicherung ist also stark an Klasse und Beruf gebunden, so dass Statusunterschiede reproduziert werden"* (Bäcker et al., 2020, S. 15).

Ein konkretes Beispiel für vergeschlechtlichte Strukturen im konservativen Sozialstaat ist das Ehegattensplitting in der Steuerpolitik, das die Erwerbstätigkeit der Frauen finanziell unvorteilhaft macht. Während die Verdienste des besserverdienenden Ehepartners in der Steuerklasse III günstig besteuert werden, zahlt die weniger verdienende Ehepartnerin nämlich in der Steuerklasse V überproportional viel Steuern. Rein rechnerisch erscheint der zusätzliche finanzielle Nutzen durch die Erwerbstätigkeit der Gattin äußerst gering im Vergleich zu den entstehenden Kosten durch die Externalisierung von Haushalts- und Pflegetätigkeiten.

3.2 Reflexivität: Gelerntes akademisches Privileg

Die wirtschaftswissenschaftliche Annahme der einvernehmlichen Entscheidungen innerhalb der Familie wird von Sozialwissenschaftler*innen kritisiert. Erstens üben die gesellschaftlichen Werte einen erheblichen Einfluss auf die Entscheidung über die Berufstätigkeit der (Ehe-)Frau aus. Weltweit wird Frauen die soziale Reproduktionsarbeit normativ zugeschrieben, was ihre zeitliche Verfügbarkeit beschränkt und eine Zugangsbarriere zum Arbeitsmarkt darstellt (Bauhardt,

2019, S. 257). Zweitens ignoriert die ökonomisch-orientierte Nutzenmaximierung der Familie die Wohlfahrt aller anderen Menschen außerhalb der eigenen Familie (Zachorowska-Mazirkiewicz, 2015, S. 407). Humane Eigenschaften wie Altruismus und Liebe gegenüber Mitmenschen werden aus dem Entscheidungsprozess ausgeklammert. Die ökonomische Analyse kann als eine Empfehlung verstanden werden, wie die Akteur*innen ihren ökonomischen Nutzen maximieren wollen – seien es Organisationen, Haushalte oder Individuen. Da aber in der Sozialwirtschaft die ökonomische Nutzenmaximierung nicht im Fokus ihrer Akteur*innen steht, wurden alternative Ansätze entwickelt, mit denen Entscheidungsprozesse im Rahmen der Personalpolitik, Führung und Hilfeleistung analysiert und weiterentwickelt werden können.

Sozialwirtschaftliche Organisationen haben keinen Einfluss auf die haushaltsinternen Beziehungen ihrer Beschäftigten, sondern sind zuständig für ihre eigenen personalpolitischen Maßnahmen. Trotzdem und vielleicht sogar gerade deswegen wäre es für die Organisationen nützlich, die ungleiche Sozialisation der Geschlechter zu kennen. Mit geschlechterspezifischem Wissen und -sensibler Reflexivität können sie nämlich ihre Personalpolitik und Führung entwickeln, diese zielgenauer für die Diversität in der Belegschaft anpassen und die Vereinbarkeit von Familie und Beruf fördern.

3.2.1 Reflexivität als Kompetenz

Reflexivität bedeutet einen Denkprozess, der im professionstheoretischen Kontext als das Zusammenspiel von praktischem Handeln und theoretischer Reflexion verstanden wird (Jahncke et al., 2019, S. 38). Dabei wird die Reflexion selbst professionalisiert und in eine Kompetenz entwickelt. Mithilfe von Reflexion können ungleiche Strukturen und Methoden sowie diskriminierende oder genderblinde Annahmen sowohl in den theoretischen Ansätzen als auch in deren praktischer Ausübung identifiziert werden.

Ein bekannter Ansatz zu Reflexion ist das von Donald Schön (1983) entwickelte Konzept des ‚reflective practioners', einer Person, die in zwei Situationen oder Phasen ihre Handlungen reflektiert. Die erste Phase, reflection-*in*-action, findet in der Handlungssituation selbst statt und setzt voraus, dass die reflektierende Person den normalen Gang des Prozesses kennt. Somit ist sie auch in der Lage, eine Störung im Prozessverlauf zu erkennen, die den Reflexionsprozess einleitet. Die Wahrnehmung solcher Abweichungen und Probleme geschieht oft unbewusst und alltäglich (Jahncke et al., 2019, S. 46). Reflection-*on*-action dagegen findet erst nach der Situation statt. Hier werden die Situation und die eingetretenen Probleme nachträglich analysiert.

Reflexion kann auf unterschiedlichen Stufen erfolgen. Van Manen (1977, S. 209–224) unterscheidet zwischen technischer/Management Reflexion, praktischer Reflexion und radikal kritischer Reflexion.

Technische/Management Reflexion	Die Methoden werden im Hinblick auf die Zielerreichung evaluiert: wie und mit welchen Methoden wird das Ziel am besten erreicht? Die Ziele selbst werden nicht hinterfragt.
Praktische Reflexion	Die Methoden werden im Hinblick auf ihren Nutzen und ihre Wirkung evaluiert: Wie und warum wirken die Methoden (nicht)?
Radikal kritische Reflexion	Die Ziele selbst werden evaluiert. Sind die Ziele gerecht und somit ethisch und moralisch vertretbar?

Alle diese Stufen können für die Reflexion von Entscheidungssituationen in den Organisationen (z. B. in der Personalpolitik) mit einer Geschlechterperspektive eingesetzt werden. Auf der Managementstufe kann beispielsweise evaluiert werden, wie gut die Geschlechterparität erreicht wurde; wie hoch ist beispielsweise der Anteil an Frauen in Führungspositionen? Bei positiven oder negativen Ergebnissen können Rückschlüsse auf die eingesetzten personalpolitischen Methoden gezogen werden: War eine Personalmarketingkampagne genug oder wären zusätzliche Methoden notwendig?

Auf der praktischen Ebene können die Methoden selbst untersucht werden. Welche Faktoren tragen zum Erfolg der eingesetzten Methoden bei? Susanne Dreas (2019, S. 71) bemerkt, dass benachteiligungsfreie Formulierungen und Bilder äußerst wichtig sind beim Personalmarketing, um keine Bewerber*innen auszuschließen, dass aber genauso wichtig sei, auf die genaue Wortwahl zu achten, die beim Marketing genutzt wird, um durch bestimmte ‚männliche' Formulierungen weibliche Bewerber*innen nicht abzuschrecken. *„Beziehen Sie Frauen sprachlich mit ein. Sie suchen einen Fachmann? Dann werden sich wohl auch nur Männer bewerben"* (KOFA Kompetenzzentrum Fachkräftesicherung, 2022, o. S.). Immer häufiger werden in den Stellenanzeigen die Frauen explizit erwähnt, um sie gezielt anzusprechen.

Auf der radikal kritischen Stufe wird das Ziel selbst kritisch reflektiert. Wie wird die Anzahl an Führungskräften überhaupt ermittelt? Ist es die tatsächliche Anzahl an Personen in Führungspositionen oder die durch die Arbeitszeiten

3.2 Reflexivität: Gelerntes akademisches Privileg

ermittelte Vollzeitäquivalenz? Gibt es Führungspositionsangebote nur in Vollzeit? Oder noch radikaler: Muss eine Führungsposition unbedingt von einer einzelnen Person übernommen werden? Warum kann nicht ein Tandem oder ein Team die Führungsaufgaben gemeinsam übernehmen?

Reflexionen helfen, festgefahrene Praktiken und die unterschiedlichen Erwartungen an Leistung, Mobilität, Flexibilität und Verfügbarkeit der Arbeitskräfte von Männern und Frauen aufzudecken (Wilz, 2010, S. 514). Vergeschlechtlichte Praktiken bilden und befestigen geschlechterspezifische strukturelle Ungleichheiten und Ungerechtigkeiten am Arbeitsplatz. Joan Acker spricht in diesem Zusammenhang von ‚gendered organizations' (Acker, 2006). Studien haben gezeigt, dass Organisationen und ihre Personalpolitik sogar in Zeiten der Digitalisierung, die eine verbesserte Vereinbarkeit von Familie und Beruf im Home Office verspricht, auf der Vorstellung männlicher Normalarbeit mit Allzeitverfügbarkeit der Beschäftigten (insb. der Führungskräfte) immer noch stark präsent ist. Die Vorstellung, dass die Erwerbsarbeit im Home Office parallel zur Sorgearbeit geleistet wird, übersieht nämlich, dass die Sorgearbeit immer noch den Frauen zugeschrieben wird und dass die beiden Arbeitsbereiche zeitlich nur schwer vereinbar sind (Scheele, 2018, S. 109). Für die Organisationen scheint das Wissen über die haushaltsinternen Entscheidungsprozesse von Bedeutung zu sein. Denn diese gestalten und beschränken ihre eigenen personalpolitischen Möglichkeiten.

3.2.2 Das begrenzte Wissen

In feministischen Studien ist die radikal kritische Reflexion eine oft eingesetzte Methode. Reflexion macht möglich, (ungleiche) Strukturen zu erkennen, infrage zu stellen und zu ändern. Lisa Adkins (2004, S. 193) zweifelt jedoch daran, dass Reflexivität die Augen der Betrachtenden für die Realität und Fakten vollständig öffnen könne, geschweige denn Strukturen ändern würde. Denn die Realität als solche, ohne jegliche subjektive Interpretationen, würde laut Adkins bedeuten, dass die betrachtende Person selbst außerhalb der sozialen Welt existiert und objektiv-kognitiv realistisch die Welt reflektiert. Kein Mensch ist jedoch in der Lage, sein Vorwissen beiseitezulegen und ein Phänomen vollständig unparteiisch und objektiv zu betrachten. Denn das würde auch bedeuten, alles bisher Geglaubte zu revidieren und alle bisherigen Entscheidungen infrage zu stellen: Entscheidungen einer berufstätigen Mutter oder eines Familienernährer-Vaters.

Adkins schlägt vor, die Reflexivität als eine gelernte *Praxis* zu verstehen. Ähnlich wie alle anderen Praktiken kann auch Reflexivität geübt und angeeignet werden. Und genau wie alle anderen Praktiken kann auch Reflexivität eine wiederholte und an bestimmte unbestrittene oder unbewusste Normen gebundene Routine werden. Akademische Praktiken sind keine allgemeingültigen Vorgehensweisen, sondern beinhalten disziplinspezifische Prioritäten, Hierarchien und Strategien (Bourdieu, 1975, S. 31). Reflexivität kann also bedeuten, dass innerhalb existierender Normen regelgebunden reflektiert wird: nach kontextgebundenen Kriterien, die als legitim anerkannt werden. Somit kann die Reflexion nicht als eine objektive Tätigkeit oder die reflektierende Person als eine völlig werturteilsfreie Beobachterin verstanden werden.

Statt objektive werturteilsfreie Erkenntnisse zu erwarten, betont die feministische Wissenschaft standortbezogenes, partielles oder situiertes Wissen (Paulitz, 2019, S. 161–162). Durch die Befangenheit der Betrachterin selbst in ihrer Welt kann sich der Wahrheit nur angenähert werden. Die Grundidee dabei ist ähnlich wie bei Niklas Luhmanns Konzept der Beobachtung 1. und 2. Ordnung. Durch die Methode der Selbstreflexion beobachtet die Beobachterin sich selbst und reflektiert die Art und Weise, wie sie eine Situation beobachtet (Beobachtung 2. Ordnung) (Rosa et al., 2018, S. 185–186). Theoretisch gehen die Beobachtungsrunden unendlich weiter. Nach jeder Runde weiß die Beobachterin mehr darüber, wie sie beobachtet, und kann die jeweilige Situation besser verstehen und erklären, aber nie vollständig.

Die Aussage zur Begrenztheit der Reflexivität ist zwar pessimistisch, da die vollständige Wahrheitsfindung dadurch kategorisch ausgeschlossen wird. Andererseits kann sie befreiend wirken: Rationale Entscheidungen basieren auf situiertem Wissen: dem einer berufstätigen Mutter oder eines Familienernährer-Vaters.

3.3 Maternalismus und Sozialpädagogik: Der sanfte Weg zur Einsicht

Geschlechterspezifische Strukturen beschränken nicht nur die Entscheidungsmöglichkeiten der Beschäftigten in den sozialwirtschaftlichen Organisationen, sondern auch die von ihren Klient*innen, und zwar in zweierlei Hinsicht. Erstens treffen die Klient*innen ihre Entscheidungen innerhalb der innerfamiliären Geschlechterverhältnisse, genauso wie die Beschäftigten der sozialwirtschaftlichen Organisationen. Darüber hinaus nehmen sie aber auch Hilfeleistungen in Anspruch, deren Rahmenbedingungen durch die Sozialpolitik gestaltet werden. Und das Hilfeleistungsangebot muss den konservativen sozialstaatlichen Prinzipien entsprechen, die durch ihre Familienorientiertheit vergeschlechtlicht sind.

3.3 Maternalismus und Sozialpädagogik: Der sanfte Weg zur Einsicht

Die in deutscher Sozialpolitik verankerte familienzentrierte Orientierung bedeutet erstens, dass Familien, in erster Linie Frauen, den Großteil an sozialen Dienstleistungen übernehmen (Bäcker et al., 2020, S. 37). Die familiale Betreuungsarbeit wird traditionell staatlich stark gefördert, da sie eine kostengünstige Alternative zur extra-familialen Pflege darstellt (Eggers et al., 2022, S. 45). Das Ausbildungssystem orientiert sich aber traditionell stark an einem Vollzeitmodell (Anslinger, 2008, S. 24–25). Und da auch die Kinderbetreuungsangebote zeitlich sehr starr sind, sind Frauen mit Betreuungsverpflichtungen aus den in Vollzeit organisierten Ausbildungsangeboten ausgeschlossen. Auf den Arbeitsmarkt wiederum können nur diejenigen vermittelt werden, die die Betreuung ihrer Kinder schon organisiert haben, denn *„einer erwerbsfähigen leistungsberechtigten Person ist jede Arbeit zumutbar, es sei denn dass die Ausübung der Arbeit die Erziehung ihres Kindes oder des Kindes ihrer Partnerin oder ihres Partners gefährden würde"* (Art. 1 Abs. 3 SGB II). Diese *Verknüpfung* des Rechts auf Arbeitsvermittlung mit dem Vorhandensein der Kinderbetreuung stellt ein Vermittlungshemmnis für viele Mütter dar. Denn abgesehen davon, dass immer noch zu wenige Betreuungsplätze zur Verfügung stehen, macht die Suche nach einem Betreuungsplatz nur Sinn, wenn die Eltern ihren zukünftigen Arbeitsort und die Arbeitszeiten kennen. Auch macht es wenig Sinn, für einen Betreuungsplatz zu bezahlen, solange die Eltern selbst arbeitslos sind.

Familiale Betreuungsaufgaben können zu sozialen Risiken für Frauen führen. Dazu zählen *„insbesondere das Risiko finanzieller Einbußen, das Risiko der mangelnden sozialen Absicherung, das Risiko der finanziellen Abhängigkeit in der Ehe sowie das Risiko der Aussteuerung aus den beruflichen Aufstiegswegen"* (Eggers et al., 2022, S. 42). Diese Risiken realisieren sich beispielsweise dadurch, dass Frauen sich eine Scheidung finanziell gar nicht leisten können, was logischerweise zu kumulierten Problemen in der Familie führt.

Die SWOs müssen ihre Eingliederungsmaßnahmen an die gesetzlichen sozialpolitischen Rahmenbedingungen anpassen, wenn sie Leistungen im Rahmen des Sozialgesetzbuches anbieten wollen. Sie können also Eingliederungsmaßnahmen für Frauen und Männer *ohne* Betreuungsverpflichtungen oder *mit* externen Betreuungsmöglichkeiten anbieten. So definieren sie deutlich ihre Zielgruppe und schließen Personen ohne Leistungsanspruch aus ihrer Klientel aus.

Gleichzeitig setzten die Organisationen auch den individuellen Entscheidungsmöglichkeiten ihrer leistungsberechtigten Klient*innen klare Grenzen. Selten sind die Eingliederungsmaßnahmen so flexibel gestaltet, dass die Klient*innenpräferenzen unverändert berücksichtigt werden können. Ausbildungsmöglichkeiten zu bestimmten Berufen setzen Schichtarbeit oder Wochenendeinsatz voraus. Bei existierenden Betreuungsangeboten der KiTas (überwiegend werktags 8–16.30 Uhr) kommen diese Angebote für die meisten Mütter nicht infrage. In den meisten Fällen müssen die Organisationen dann zwischen dem gesellschaftlich definierten Bedarf und den individuellen Präferenzen balancieren. Konkret bedeutet dies, dass sie „*die Akzeptanz des Angebots bei den Klienten erreichen oder steigern*" müssen (Finis Siegler, 2021b, S. 42). Die Klient*innen werden also sanft vom Nutzen eines anderen Angebots, das z. B. zu den KiTa-Öffnungszeiten passt, überzeugt.

Durch diese Überzeugungsarbeit der sozialwirtschaftlichen Organisationen werden auch die individuellen Präferenzen der Klient*innen beeinflusst, um ihnen alternative Handlungsräume aufzuzeigen und zu verschaffen. Gegen die herrschende wirtschaftswissenschaftliche Überzeugung ist die individuelle Präferenzordnung also kein Ergebnis eines individuellen autonomen Entscheidungsprozesses, die den ökonomisch-rationalen Entscheidungen zugrunde liegt, sondern Ergebnis sozialpädagogischer Arbeit.

Zwar betrifft die Möglichkeit der sozialpädagogischen Einflussnahme die individuellen Präferenzen und Präferenzordnungen aller Klient*innen gleichermaßen und ungeachtet ihres Geschlechts. Die Auswirkungen dieser Überzeugungsarbeit sind jedoch in hohem Maße vergeschlechtlicht. Durch die Anpassung des Angebots an die KiTa-Zeiten festigen die sozialwirtschaftlichen Organisationen nämlich die geschlechterspezifische Sozialpolitik (die familiale Betreuungsverpflichtung der Frauen). Und dadurch wird schließlich auch die geschlechterspezifische Struktur des Arbeitsmarktes gefestigt.

Immer häufiger übernehmen Frauen auch die Betreuung ihrer alternden Angehörigen, was zu verschärftem Fachkräftemangel führen könnte. In Deutschland sind die sozialen Risiken für Frauen erkannt worden. Eggers und Kolleg*innen beobachten eine Zunahme an staatlicher finanzieller Förderung extra-familialer Pflege, was sinkende soziale Risiken und größere Wahlmöglichkeiten für Frauen mit Pflegeverpflichtungen bedeutet (Eggers et al., 2022, S. 54).

3.4 Autonomiefördernde Meritorik und gesellschaftlicher Wandel: Wenn Männer Fürsorgeaufgaben übernehmen (würden)

Der Eingriff in die individuelle Entscheidungsmacht der Klient*innen wird oft als ethisch problematisch empfunden. Unflexible Vorgaben passen nicht zu allen Bedürfnissen gleichermaßen, was zu Verweigerung und Konflikten mit Klient*innen führen kann. Auch beseitigt ein Ausschluss ganzer Personengruppen vom Leistungsangebot aus sozioökonomischen Gründen nicht die Probleme der

Gruppe. Strukturelle Änderungen sind aber an die parlamentarische Entscheidungsfindung gebunden, was häufig nicht nur Bedürfnisse der Minderheiten vernachlässigt, sondern auch Veränderungsprozesse verlangsamt. Diese Problematik gibt den sozialwirtschaftlichen Organisationen Anlass, auch freiwillige Leistungen anzubieten.

Unter ‚autonomiefördernder Meritorik' versteht Beate Finis Siegler eine Vorgehensweise, bei der die Lebenslage eines Menschen durch sozialpädagogische Maßnahmen beeinflusst wird, ohne dabei seine Entscheidungsmacht zu schmälern (Finis Siegler, 2018, S. 46–51). Durch eine Verbesserung der Lebenslage (beispielsweise sein Wissen und seine Fähigkeiten) können die Präferenzen des Menschen geändert werden. Die verbesserte Lebenslage soll ihm die Gelegenheit geben, neue und *nützlichere* Präferenzen zu bilden, was auf die Meritorik verweist, denn destruktive Präferenzen sind gesellschaftlich unerwünscht. Die Autonomie soll durch die kooperative Vorgehensweise gefördert werden, in der die Lebenslage, die Präferenzen und die Entscheidungen nicht einseitig durch Sozialpädagog*innen, sondern durch eine aktive Beteiligung der Klient*innen definiert werden.

Die geschlechterspezifische Reflexivität kann die autonomiefördernde Meritorik darin unterstützen, strukturelle Geschlechterstereotypen und vergeschlechtlichte Praktiken zu vermeiden. Ohne eine solche Reflexivität besteht nämlich die Gefahr, dass Interventionen, seien es sozialpädagogischer oder personalpolitischer Natur, existierende Präferenzordnungen und Praktiken festigen, die auf Ungleichheiten und Ungerechtigkeiten zwischen den Geschlechtern basieren. Interventionen am Arbeitsmarkt machen solche Effekte sichtbar.

Beispiel Kontaktstelle Frau und Beruf
Die Kontaktstelle Frau und Beruf in Baden-Württemberg bietet sowohl Frauen als auch Unternehmen Beratung zu verschiedenen arbeitsmarktrelevanten geschlechterspezifischen Themen wie die Vereinbarkeit von Beruf und Familie, Ausbildung in Teilzeit oder familienfreundliche Unternehmenskultur. Alle Frauen und alle Unternehmen sind zur Beratung in einer der Kontaktstellen berechtigt (Frau und Beruf Baden-Württemberg, o. J.a).

Im Konzept der Kontaktstelle können Elemente der autonomiefördernden Meritorik identifiziert werden. Mithilfe der Beratung soll der Wissensstand der Frauen über die Ein- oder Wiedereinstiegsmöglichkeiten erhöht werden, was eine erste Intervention zur Lebenslage der Frauen darstellt. Informationen zu für Frauen wichtigen Themen wie alternativen Ausbildungsmöglichkeiten und flexiblen Kinderbetreuungsmöglichkeiten können die Präferenzen der Frauen ändern. Besonders deutlich wird dies aus dem Beratungsangebot für MINT-Frauen, dessen Ziel es ist, Frauen für die MINT-Berufe zu motivieren mit der Begründung von guten Karrierechancen und Verdienstmöglichkeiten. Es wird somit explizit die Erwartung ausgesprochen, auf die Präferenzen der Frauen einwirken zu können. In der MINT-Beratung selbst werden zusammen mit den Frauen deren Interessen und Stärken analysiert und wird eine Zielsetzung für den Berufsweg entwickelt (Frau und Beruf Baden-Württemberg, o. J.b), was auf die autonomiefördernde Arbeitsweise deutet. Gleichzeitig wird dem gesellschaftlich problematischen Fachkräftemangel entgegengewirkt. Es handelt sich bei dem Beratungsangebot um ein gesellschaftlich wichtiges Angebot, Meritorik.

Mittels Reflexion können im Konzept alle drei feministischen Strategien erkannt werden. In der MINT-Beratung werden die strukturellen Vorteile eines MINT-Berufs, wie die guten Karriereperspektiven, hervorgehoben. Frauen mit geeigneten Interessen und Fähigkeiten werden dann in diesen besonders guten Positionen aktiv von den Beraterinnen begleitet. Auch für Aufsteigerinnen, die Karriere machen möchten, werden bekannte Methoden wie Selbstmarketing vorgeschlagen. Diese Vorgehensweisen entsprechen der Gleichheitsstrategie, bei der die vorhandene Struktur oder Handlungsmethoden nicht infrage gestellt werden, sondern die eigenen Handlungen an diese angepasst werden. Ziel ist es, die Anzahl an Frauen in MINT-Berufen oder in Führungspositionen zu erhöhen.

Durch das explizite Angebot an Frauen werden das weibliche Geschlecht und die damit verbundenen Besonderheiten des Berufslebens und Arbeitsmarktes im Konzept stark hervorgehoben. Schon der Name Frau und Beruf betont das weibliche Geschlecht. Es werden alternative Ausbildungsformen, die zum typischen Tagesablauf von Frauen passen, gesucht und vorgestellt: Ausbildung in Teilzeit und flexible Kinderbetreuungsmöglichkeiten. Somit wird die typische weibliche Teilzeittätigkeit normalisiert, anstatt sie als defizitär und minderwertiger gegenüber der männlichen Norm der Vollzeittätigkeit zu behandeln. Die Strategie der Kontaktstellen kann somit auch als eine feministische Differenzstrategie bezeichnet werden. Das Ziel ist, den Frauen, den Ausbildungsorganisationen und den Unternehmen zu signalisieren, dass es ein frauentypisches Berufsleben gibt und dass die Anerkennung dieser Besonderheiten die beste Methode ist, Fachkräfte zu sichern.

Aber auch die transformative Aufhebungsstrategie wird eingesetzt. Durch das Beratungsangebot an Personalverantwortlichen, Recruiter*innen und Personalentwickler*innen in Unternehmen wird versucht, auch Männern/Vätern eine verbesserte Vereinbarkeit von Familie und Beruf zu ermöglichen. Unternehmen werden über die Vorteile der familienfreundlichen Unternehmenskultur von

3.4 Autonomiefördernde Meritorik und gesellschaftlicher Wandel ...

Beraterinnen aufgeklärt und bei der Implementierung unterstützt. Diese Handlungsweise ist transformativ, denn sollte es den Beraterinnen gelingen, auch auf die Präferenzbildung der Unternehmen einzuwirken, könnten die Sorge- und Pflegetätigkeiten innerhalb der Familie gleichberechtigter geteilt werden. Allerdings würde diese innerfamiliale Transformation möglicherweise auf Kosten der Kolleg*innen gehen. Denn bei Abwesenheit müssten die Kolleg*innen einspringen. Deswegen empfiehlt Frau und Beruf, die Aufgaben auf Teams zu verteilen und alle wichtigen Arbeitsschritte zu dokumentieren, um das Team und Unternehmen vor kurzfristigen Ausfällen zu schützen (Frau und Beruf Baden-Württemberg, o. J.c). Das Ziel ist, jetzige Formen des Berufslebens radikal infrage zu stellen und die Sorgeverpflichtungen unter (Ehe-)Partner*innen gerechter zu verteilen.

Tatsächlich scheint solch eine transformative Strategie am deutschen Arbeitsmarkt vonnöten. Obwohl viele Väter weniger arbeiten und dafür mehr Zeit mit ihrer Familie verbringen wollen, nehmen nur wenige von ihnen Elternzeit in Anspruch. Abb. 3.1 macht ersichtlich, dass im Jahr 2019 betrug der Anteil von Männern in Elternzeit mit Kindern unter sechs Jahren nur 1,6 %.

Neue Studien belegen, dass die finanziellen Gründe dafür die größte Rolle spielen. Knapp 20 % der befragten Väter nennen jedoch auch die Sorge vor negativen beruflichen Konsequenzen als Grund für die Nichtinanspruchnahme der Elternzeit (Samtleben et al., 2019, S. 611). Das gleiche Phänomen dürfte auch nicht-binäre Partnerschaften und Familien betreffen, sofern die Partner*innen in unterschiedlichen Wirtschaftsbereichen tätig sind.

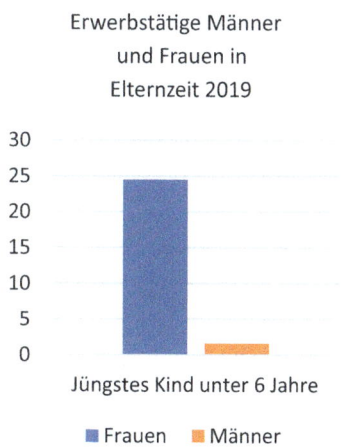

Abb. 3.1 Anteil der Eltern in Elternzeit an allen erwerbstätigen Eltern 2019 in %. (Quelle: Eigene Darstellung basierend auf Statistisches Bundesamt (Destatis) (2022))

Literaturempfehlungen zur Vertiefung
Eggers, T., Grages, C., & Pfau-Effinger, B. (2022). Care-Politiken, soziale Risiken und Geschlechterungleichheit im internationalen Vergleich. In U. Knobloch, H. Theobald, C. Dengler, A.-C. Kleinert, C. Gnadt, & H. Lehner (Hrsg.), *Caring Societies – Sorgende Gesellschaften*. Beltz.

Zachorowska-Mazirkiewicz, A. (2015). The Concept of Care in Institutional and Feminist Economics and Its Impact on Public Policy. *Journal of Economic Issues, 49*(2), 405–413. https://doi.org/10.1080/00213624.2015.1042747.

Fragen zur Übung und Kontrolle des Lernerfolgs:

1. Welche Faktoren und Personen spielen eine Rolle bei Ihren beruflichen Entscheidungen?
2. Welche Präferenzen haben Sie hinsichtlich Ihrer Berufswahl?
3. Welche feministische Strategie würde Ihnen ermöglichen, Ihre beruflichen Entscheidungen zu optimieren, sodass Sie Ihre Präferenzen erfüllen können?

Literatur

Acker, J. (2006). Inequality regimes: Gender, class, and race in organizations. *Gender & Society, 20*(4), 441–464. https://doi.org/10.1177/0891243206289499.
Adkins, L. (2004). Reflexivity: Freedom or habit of gender? *The Sociological Review, 52*(2_suppl), 191–210. https://doi.org/10.1111/j.1467-954X.2005.00531.x.
Anslinger, E. (2008). *Junge Mütter im dualen System der Berufsbildung Potenziale und Hindernisse*. W. Bertelsmann.
Bäcker, G., Naegele, G., & Bispinck, R. (2020). *Sozialpolitik und die soziale Lage in Deutschland* (6. Aufl.). Springer.
Bauhardt, C. (2019). Feministische Ökonomiekritik: Arbeit, Zeit und Geld aus einer materialistischen Geschlechterperspektive. In B. Kortendiek, B. Riegraf, & K. Sabisch (Hrsg.), *Handbuch Interdisziplinäre Geschlechterforschung* (Bd. 65, S. 253–261). Springer Fachmedien. https://doi.org/10.1007/978-3-658-12496-0_23.
Becker, G. (1993). *A tretis on the family* (3. Aufl.). Harvard University Press.
Bourdieu, P. (1975). The specificity of the scientific field and the social conditions of the progress of reason. *Social Science Information, 14*(6), 19–47. https://doi.org/10.1177/053901847501400602.
Domeier, M. (2020). Grundlagen & Konzepte. In M. Kottbauer & A. Klein (Hrsg.), *Unternehmerische Entscheidungen systematisch vorbereiten und treffen*. Haufe.
Dreas, S. A. (2019). *Diversity Management in Organisationen der Sozialwirtschaft: Eine Einführung*. Springer Fachmedien. https://doi.org/10.1007/978-3-658-20546-1.

Literatur

Eggers, T., Grages, C., & Pfau-Effinger, B. (2022). Care-Politiken, soziale Risiken und Geschlechterungleichheit im internationalen Vergleich. In U. Knobloch, H. Theobald, C. Dengler, A.-C. Kleinert, C. Gnadt, & H. Lehner (Hrsg.), *Caring Societies – Sorgende Gesellschaften*. Beltz.

Finis Siegler, B. (2018). Meritorik in der Sozialwirtschaft. In W. Grillitsch (Hrsg.), *Gegenwart und Zukunft des Sozialmanagements und der Sozialwirtschaft* (S. 35–57), Nomos.

Finis Siegler, B. (2021a). *Entwicklung einer Ökonomik Sozialer Arbeit aus der Retrospektive.* Springer Fachmedien. https://doi.org/10.1007/978-3-658-33367-6.

Finis Siegler, B. (2021b). Meritorik in der Sozialwirtschaft. Warum die Sozialwirtschaft ein anderes Ökonomiemodell braucht. In B. Finis Siegler (Hrsg.), *Entwicklung einer Ökonomik Sozialer Arbeit aus der Retrospektive* (S. 229–252). Springer Fachmedien. https://doi.org/10.1007/978-3-658-33367-6_15.

Frau und Beruf Baden-Württemberg. (o. J.a). *Landesportal frau und beruf Baden-Württemberg.* https://www.frauundberuf-bw.de/. letzter Zugriff 4.10.2023.

Frau und Beruf Baden-Württemberg. (o. J.b). *Die MINT-Frau.* https://www.frauundberuf-bw.de/frauen-in-mint-berufen. letzter Zugriff 4.10.2023.

Frau und Beruf Baden-Württemberg. (o. J.c). *Familienfreundlichkeit als Wettbewerbsfaktor auf dem Fachkräftemarkt.* https://www.frauundberuf-bw.de/familienfreundlichkeit-familienfreundliche-unternehmen. letzter Zugriff 4.10.2023.

Jahncke, H., Rebmann, K., & Stock, M. (2019). *(Selbst-)Reflexionsfähigkeit: Modellierung, Differenzierung und Beförderung mittels eines Kompetenzentwicklungsportfolios.* Hampp.

Klaus, D. (2010). Kinderkosten und Familiengründung: Erste Befunde einer Prüfung der Neuen Haushaltsökonomie unter Verwendung von Paardaten. *Journal of Family Research, 22*(1), 109–129. https://doi.org/10.20377/jfr-293.

KOFA Kompetenzzentrum Fachkräftesicherung. (2022). *Frauen als Fachkräfte gewinnen.* https://www.kofa.de/mitarbeiter-finden/zielgruppen/frauen/. letzter Zugriff 4.10.2023.

Laux, H., Gillenkirch, R. M., & Schenk-Mathes, H. Y. (2018). Probleme und Lösungskonzepte der Entscheidungstheorie: Ein Überblick. In H. Laux, R. M. Gillenkirch, & H. Y. Schenk-Mathes (Hrsg.), *Entscheidungstheorie* (S. 3–30). Springer. https://doi.org/10.1007/978-3-662-57818-6_1.

Maier, F. (2019). Wirtschaftswissenschaften: Entwicklungen der feministischen Ökonomik. In B. Kortendiek, B. Riegraf, & K. Sabisch (Hrsg.), *Handbuch Interdisziplinäre Geschlechterforschung* (Bd. 65, S. 643–650). Springer Fachmedien. https://doi.org/10.1007/978-3-658-12496-0_129.

Paulitz, T. (2019). Parteilichkeit – Objektivität: Frauen- und Geschlechterforschung zwischen Politik und Wissenschaft. In B. Kortendiek, B. Riegraf, & K. Sabisch (Hrsg.), *Handbuch Interdisziplinäre Geschlechterforschung* (Bd. 65, S. 155–164). Springer Fachmedien. https://doi.org/10.1007/978-3-658-12496-0_10.

Rosa, H., Strecker, D., & Kottmann, A. (2018). *Soziologische Theorien* (3. Aufl.). UTB.

Rübner, M., & Höft, S. (2019). Berufswahl als mehrdimensionaler Prozess. In S. Kauffeld & D. Spurk (Hrsg.), *Handbuch Karriere und Laufbahnmanagement* (S. 39–62). Springer. https://doi.org/10.1007/978-3-662-48750-1_1.

Samtleben, C., Schäper, C., & Wrohlich, K. (2019). Elterngeld und Elterngeld Plus: Nutzung durch Väter gestiegen, Aufteilung zwischen Müttern und Vätern aber noch sehr ungleich. *DIW Wochenbericht.* https://doi.org/10.18723/DIW_WB:2019-35-1.

Scheele, A. (2018). Digital First – Gleichstellung Second? In A. Demirović (Hrsg.), *Wirtschaftsdemokratie neu denken* (S. 105–117). Westfälisches Dampfboot.

Schön, D. (1983). *The reflective practitioner. How do professionals think in action*. Basic Books.

Statistisches Bundesamt (Destatis). (2022). *Anteil der erwerbstätigen Eltern in Elternzeit an allen erwerbstätigen Eltern nach Geschlecht in Deutschland im Jahr 2019*. https://de-statista-com.pxz.iubh.de:8443/statistik/daten/studie/1125752/umfrage/elternzeitquote-nach-geschlecht-in-deutschland/.

van Manen, M. (1977). Linking ways of knowing with ways of being practical. *Curriculum Inquiry, 6*(3), 205. https://doi.org/10.2307/1179579

Woll, A. (2014). *Volkswirtschaftslehre* (16. Aufl.). Vahlen.

Wilz, S. (2010). Organisation: Die Debatte um ‚Gendered Organizations' in R. Becker & B. Kortendiek (Hrsg.), Handbuch Frauen- und Geschlechterforschung: Theorie, Methoden, Empirie (513–519). VS Verlag für Sozialwissenschaften.

Zachorowska-Mazirkiewicz, A. (2015). The concept of care in institutional and feminist economics and its impact on public policy. *Journal of Economic Issues, 49*(2), 405–413. https://doi.org/10.1080/00213624.2015.1042747.

Soziale Innovationen

4

Zusammenfassung

Mittlerweile interessieren sich viele Wissenschaftsdisziplinen für soziale Innovationen. Auch in der Sozialwirtschaft gewinnen soziale Innovationen an größerem Interesse. Dieses Kapitel erläutert den Unterschied zwischen technologischen und sozialen Innovationen und zeigt, wie Innovationen zur Geschlechtergerechtigkeit beitragen können. Das Konzept der sozialen Innovation beinhaltet Aspekte wie Kollektivität und Moral, die aus politischer und gesellschaftlicher Perspektive von Bedeutung sind. Beispiele wie der Ausschluss von Jungen oder Trans*frauen aus den meisten Frauenhäusern zeigen, dass soziale Innovationen auch negative Folgen haben können. Nicht alle Menschen profitieren von Erneuerungen und Änderungen. Es gibt jedoch noch relativ wenige Studien zu dem moralischen Aspekt von Innovationen. Auch Forschung zu Innovationen in frauendominierten Dienstleistungssektoren oder im öffentlichen Sektor sowie aus der Geschlechterperspektive sind äußerst rar. Frauen patentieren neue Produkte und Dienstleistungen seltener als Männer. Dieser geschlechterspezifische Unterschied wird der Gender Innovation Gap genannt. Die Innovationsfähigkeit sozialer Berufe könnte verstärkt Anerkennung gewinnen und den Gender Innovation Gap schließen. Mit feministischen Differenzstrategien werden Innovationen aus den ‚nicht-patentaffinen' sozialen Bereichen hervorgehoben. Ein Beispiel davon ist das Konzept des Green Care, das weltweit Anerkennung als ein innovatives Care-Konzept genießt.

© Der/die Autor(en), exklusiv lizenziert an Springer Fachmedien Wiesbaden GmbH, ein Teil von Springer Nature 2023
P. Merenheimo, *Genderspezifische Herausforderungen der Sozialwirtschaft*, Basiswissen Sozialwirtschaft und Sozialmanagement,
https://doi.org/10.1007/978-3-658-41912-7_4

Lernziele

- Radikale und inkrementelle Innovationen voneinander unterscheiden können
- Feministische Strategien zur Förderung von Innovationen kennen
- Negative Folgen von sozialen Innovationen kennen
- Die Bedeutung von Co-Creation für die Innovationsentwicklung verstehen

4.1 Innovationstheoretische Grundlagen: Etwas Neues muss her

Innovationstheoretisch gelten Änderungen als Innovationen nur, wenn sie neu und einzigartig sind und von Menschen akzeptiert werden (Norman & Verganti, 2014, S. 82). Diese Kriterien gelten sowohl für innovative Prozesse als auch für innovative Endergebnisse. In Sachen Einzigartigkeit und Neuheit unterscheiden die Innovationstheorien zwischen inkrementellen und radikalen Innovationen. Donald Norman und Roberto Verganti definieren inkrementelle Innovationen als ständige kleine Verbesserungen, die durch vorsichtiges Testen zustande kommen. Sie betonen, dass inkrementelle Innovationen den Menschen oder Organisationen ermöglichen, etwas besser zu machen als bisher. Radikale Innovationen dagegen bedeuten völlig neue Wege, etwas, das bisher noch nicht versucht wurde. Dafür sei entweder Technologie oder ein Bedeutungswandel notwendig (Norman & Verganti, 2014, S. 79–82). Obwohl es schon an sich unmöglich ist, etwas völlig Neues zu kreieren, da alle Ideen ihre Ursprünge an gelernten Praktiken haben, gilt das Hauptinteresse der Innovationsforschung den radikalen Innovationen.

Um in der Gesellschaft angenommen zu werden, müssen Menschen die neuen Praktiken akzeptieren und anwenden. Nur so wird die Änderung vollzogen werden können. Die Innovationstheorien sprechen hier von *Diffusion*, Verbreitung der Innovation. Die Nachhaltigkeit der Lösung und der innovative Charakter einer Praktik kann somit nicht bei der Entstehung der Innovation, sondern erst retrospektiv erkannt werden.

Wissenschaftlich sollten Änderungen neutral bewertet werden; sie sind *irgendwelche* bemerkbaren Änderungen in existierenden sozialen Praktiken, Kooperationen oder Netzwerken. Hier kann eine völlig neue Art der kollektiven

Organisiertheit der Generation Z gemeint sein, die es zum Zeitpunkt der Einführung noch nicht gegeben hat. Statt wie gesellschaftlich üblich, offiziell institutionalisierte Vereine zu gründen, werden lose inoffizielle, aber stabile und international verknüpfte Netzwerke wie Fridays for Future gegründet. In den meisten Innovationsstudien wird jedoch von einer *positiven Änderung* ausgegangen. Technologische Innovationen bedeuten technologischen Fortschritt. Soziale Innovationen sollen eine neue Lösung oder eine Verbesserung zu existierenden gesellschaftlichen oder sozialen Problemen bieten sowie sozialen Mehrwert schaffen (Logue, 2019, S. 22). Innovationstheorien sind in diesem Sinne oft normativ.

Oft wird auch *Intention* als ein grundlegendes Element der Innovation angesehen. Hüttemann und Parpan-Blaser (2012, S. 79) zum Beispiel betrachten den Innovationsprozess als einen intendierten und systematischen Prozess, der mit einer Idee beginnt und danach systematisch entwickelt und implementiert wird. Norman und Verganti (2014, S. 79–88) kommen jedoch gerade bei radikalen Innovationen zu einem völlig entgegengesetzten Ergebnis. Sie beobachten, dass während inkrementelle Innovationen oft auf einer konkreten Idee basieren und systematisch entwickelt werden, dies bei radikalen Innovationen überraschend nicht der Fall ist. Diese werden oft *ohne* explizites Forschungsdesign, Ziele und Bedarfsanalysen entwickelt. Sie basieren oft auf dem persönliche Interesse der Erfinder*innen.

4.2 Digitalisierung: Inkrementelle öffentlichkeitswirksame Änderungen

Innovationen werden überwiegend als technologische Erfindungen verstanden. Ob eine Technologie in der Gesellschaft oder in den Studien als neuartig bezeichnet wird, basiert jedoch auf menschengemachten Kriterien. Dabei wird nicht nur abgewogen, *ob* sie als neuartig gelten soll, sondern auch, als wie gravierend die Neuartigkeit bewertet werden soll. Die innovative Bezeichnung ist somit das Resultat sozialer Zuschreibungsprozesse (Hüttemann & Parpan-Blaser, 2012, S. 80). Zuschreibungen schließen einige Technologien und Praktiken als innovativ ein und andere aus. Die Ausschlussmechanismen, die auf sozialen Zuschreibungen basieren, beinhalten auch die Geschlechterdimension. Die Geschlechterperspektive wird in den Innovationsstudien weitestgehend ignoriert (Wigren-Kristoferson & Aggestam, 2021, S. 244). Ein Grund dafür ist die enge Verknüpfung des Innovationskonzepts sowohl in der Wissenschaft als auch in der gesellschaftlichen Wahrnehmung mit der Technologie, wo Frauen unterrepräsentiert sind. Es existieren mittlerweile aber auch Studien, die die Geschlechterperspektive berücksichtigen, meistens jedoch aus der binären biologischen Geschlechterstruktur heraus.

4.2.1 Technikdeterminismus

In Deutschland wird die männerdominierte MINT-Domäne als innovative Branche wahrgenommen und in erster Linie die Forschung und Entwicklung in technisch-naturwissenschaftlichen Branchen öffentlich gefördert. Sogar in der Gesundheitsbranche gilt bekanntermaßen medizinische, pharmazeutische und medizintechnische Forschung als innovativ (Köhler & Goldmann, 2010, S. 253), während die Pflegewissenschaft sich noch nicht als eine innovative Disziplin etabliert hat. Die deutsche Wirtschaft scheint die sozialen Innovationen in ihren Zukunftsplänen noch nicht ernst zu nehmen. Ralf Kopp und Michael Schwarz warnen sogar vor einer geringen Visionskraft der deutschen Industrie, die der übermäßige Glaube an das technologische Potenzial zur Lösung gesellschaftlicher Herausforderungen, wie dem Fachkräftemangel, mit sich bringen wird (Kopp & Schwarz, 2017, S. 50). Die Dominanz der Technologie in der Innovationsforschung, -praxis und -politik ist ein weltweites Phänomen, das auf dem Technikdeterminismus basiert. Damit ist eine wissenschaftliche Denkweise gemeint, wonach Technologie als exogener Faktor verstanden wird, der von außen auf die Gesellschaft einwirkt (Țicău & Hadad, 2021, S. 149). Technologische Erfindungen und Entwicklungen wirken wie ein Schock von außen, der den Menschen neue Impulse liefert. So hat die Erfindung des Smartphones die Konsumgewohnheiten der Menschen geändert (Abb. 4.1).

In den technologiefokussierten Studien werden Patente und Ausgaben in Forschung und Entwicklung (F&E) als Indikatoren für Innovationen definiert. Koppel und Kolleg*innen (2019, S. 99) stellen fest, dass im Jahr 2016 nur 4,4 %

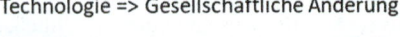

Abb. 4.1 Gesellschaftliche Veränderungen laut Technikdeterminismus. (Quelle: Eigene Abbildung)

aller nationalen Patentanmeldungen beim Deutschen Patent und Markenamt auf weibliche Erfinder*innen entfielen. Die Zahl vermittelt den Eindruck, als ob Männer innovativer wären als Frauen. Der Hauptgrund für den niedrigen Frauenanteil in der Patentanmeldung wird nämlich in der ‚nur wenig patentaffinen Studienfach- und Berufswahl' gesehen, wodurch ‚der Großteil der Akademikerinnen der anwendungsorientierten Forschung und Entwicklung *verloren geht*' (Koppel et al., 2019, S. 99, Hervorhebung hinzugefügt). Mit wenig patentaffinen Studiengängen und Berufsausbildungen sind die nicht-technologischen und nicht-naturwissenschaftlichen Disziplinen gemeint.

Auch Unternehmensgründungen werden als Indikatoren für Innovationsfähigkeit angesehen. Unternehmen, die neuartige Produkte oder Dienstleistungen auf den Markt bringen, werden als Start-ups und somit als innovative Firmengründungen kategorisiert. Der Bundesverband Deutsche Startups e. V. weist auf die Probleme hin, denen Frauen oft begegnen müssen, wenn sie Finanzierung für ihr Gründungs vorhaben beantragen. Der Bundesverband bemerkt, dass männliche Gründer überragend häufiger Finanzierung von Business-Angels, Risikokapital von Investor*innen und staatliche Fördermitteln als weibliche Gründerinnen erhalten (Hirschfeld et al., 2020, S. 41). Interessanterweise belegt die Studie des Bundesverbands Deutsche Startups e. V., dass 16,8 % der weiblichen Start-up-Gründer*innen in Deutschland einen Abschluss aus den Geistes-, Kultur- oder Sozialwissenschaften haben (Hirschfeld et al., 2020, S. 23). Diese ‚nicht-patent-affinen' Branchen werden in dieser Studie somit als innovativ verstanden.

4.2.2 Feministische Gleichheitsstrategie gegen den Gender Innovation Gap

Frauen patentieren neue Produkte und Dienstleistungen seltener als Männer. Dieser geschlechterspezifische Unterschied wird der Gender Innovation Gap genannt. Wissenschaftler*innen haben verschiedene Strategien angewendet, um sowohl den Gender Innovation Gap als auch den verzerrten Eindruck von nicht-innovativen Branchen zu bekämpfen.

Um den Gap mit der Gleichheitsstrategie zu verringern, sollen Frauen stärker für patentrelevante technisch-naturwissenschaftliche Studiengänge (MINT) begeistert werden, um die gleichen Chancen zur Innovationsentwicklung zu bekommen (Abb. 4.2). Ein höherer Frauenanteil in MINT-Berufen würde neben dem Gender Innovation Gap gleichzeitig auch den Gender Pay Gap verringern und zum Wirtschaftswachstum beitragen (Morais Maceira et al., 2017,

Abb. 4.2 Frauen sollen mehr MINT-Berufe lernen. (Quelle: Eigene Abbildung)

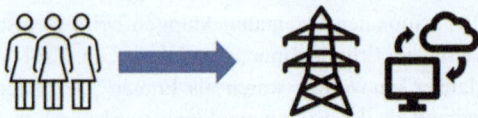

S. 5). Gleichzeitig soll der Zugang zur Risiko- und Start-up-Finanzierung für Frauen verbessert werden (European Commission, 2020, S. 33). Diese Vorgehensweise kann als Gleichheitsstrategie bezeichnet werden; Frauen sollen die gleichen Innovations- und Finanzierungsmöglichkeiten gewährt werden wie Männern, aber dies innerhalb der existierenden Rahmenbedingungen. Nicht die Regeln werden geändert, sondern die Berufswahlpräferenzen der Frauen.

Solche Gleichheitsstrategien, die nur das ‚typisch weibliche' Verhalten ändern wollen, ignorieren branchenspezifische Besonderheiten, die zum Gender Innovation Gap beitragen. In der „nicht innovations-affinen" Sozialwirtschaft wird nämlich häufig gemeinnützig oder im öffentlichen Sektor gearbeitet, wo Patente nicht üblich oder nicht möglich sind. Im Gegenteil, neue innovative Produkte und Dienstleistungen sollen der Allgemeinheit zugutekommen. Profitorientierung durch Patentierung passt nicht zum Leitbild gemeinnütziger Dienstleister. Trotzdem wird auch in öffentlichen und gemeinnützigen Organisationen geforscht und es werden neue Dienstleistungen entwickelt.

Um die Innovationsaktivität der Frauen sichtbar zu machen, sind alternative Messkonzepte entwickelt worden. Anstatt sich nach gemeldeten Patenten zu orientieren, wurden Unternehmer*innen aus verschiedensten Branchen selbst gefragt, ob sie eine neuartige Dienstleistung oder ein neues Produkt auf den Markt gebracht hatten. 18,7 % der Frauen und 44,8 % der befragten Männer in Deutschland gaben an, innovative Produkte oder Dienstleistungen anzubieten (Elam et al., 2021, S. 114). Änderungen und der Neuheitsgrad der Innovationen werden von unterschiedlichen Akteur*innen möglicherweise unterschiedlich wahrgenommen.

Auch das Institut der deutschen Wirtschaft Köln e. V. (IW) hat alternative Messkonzepte aus Geschlechterperspektive entwickelt, um die Frauenanteile an Patentmeldungen besser sichtbar zu machen. Der Frauenanteil von 4 % scheint auch dem IW nicht glaubwürdig zu sein. Das IW hat festgestellt, dass der Anteil an Patentanmeldungen, an denen mindestens eine Frau beteiligt ist, 10,6 % beträgt, was deutlich höher liegt als 4,4 %. Frauen arbeiten oft in Teams und melden das Patent selbst nicht an. Betrachtet man die Vornamen der Personen, die ein Patent angemeldet haben, kommt heraus, dass unter allen in Deutschland wohnhaften Erfinder*innen mit ausländischer Herkunft der Frauenanteil bei durchschnittlich 8,2 % lag. Erfinder aus dem deutschen Sprachraum (mit deutschem Vornamen) waren am stärksten männlich dominiert mit nur 4,1 % Frauenanteil (Koppel et al., 2019, S. 107).

Die Gleichheitsstrategie mit verbesserten F&E-Möglichkeiten für Frauen in MINT-Bereichen kann die geschlechter- und branchenspezifischen Ungleichheiten nicht beheben. Im Gegenteil, der Gender Innovation Gap kann sogar als *Ergebnis* der Ungleichbehandlung der sozialen im Vergleich zu MINT-Berufen verstanden werden. Die alternativen Messkonzepte zeigen nämlich, wie den frauendominierten Branchen die Innovationsfähigkeit durch die Patent- und MINT-Orientierung aberkannt wird. Gleichzeitig wird durch dieses einseitige Kriterium die Innovationskraft der MINT-Bereiche überschätzt.

4.3 Humankapitalbasierte Innovationen: Radikale leise Änderungen

Soziale Innovationen genießen zunehmend öffentliche Beachtung und Interesse in der EU. Dabei steht die Sozialwirtschaft als Träger der sozialen Innovation im Fokus (Böckenhoff, 2016, S. 25). Die Bundesregierung (2023, S. 4) definiert soziale Innovationen als *„neue soziale Praktiken und Organisationsmodelle, die zu tragfähigen und nachhaltigen Lösungen für die Herausforderungen unserer Gesellschaft beitragen"*. Zunehmend wird die Entwicklung neuer sozialer Praktiken öffentlich-rechtlich finanziell unterstützt. Im Rahmen des Wettbewerbs „Gesellschaft der Ideen" 2020 wurde zum ersten Mal in Deutschland eine spezifische Fördermaßnahme ausschließlich für soziale Innovationen errichtet. In den Förderrichtlinien wurden soziale Innovationen als neue Produkte oder Dienstleistungen, neue Arbeits- und Produktionsprozesse oder neue Kooperationsformen verstanden. Außerdem wurde betont, dass sie sowohl gewinnorientiert als auch gemeinnützig zur Verfügung gestellt werden können und dass soziale Innovationen technologieinduziert, aber genauso gut auch unabhängig von Technologien entstehen können (Bundesministerium der Justiz und für Verbraucherschutz, 2020, S. 1).

4.3.1 Soziale Innovationen im Kontext der Sozialwirtschaft

Durch den verstärkten Fokus auf die sozialen Innovationen, der die bisherige Technologieorientiertheit im Innovationsdiskurs ersetzt, erkennen Kopp und Schwarz sowohl in der Politik als auch in der Wissenschaft ein neues Innovationsparadigma. Sie bemängeln jedoch, dass das Konzept der sozialen Innovation sowohl in politischen als auch wissenschaftlichen Diskursen hauptsächlich mit Wünschen, Erwartungen und Hoffnungen beladen sei statt mit klaren Definitionen und Strategien (Kopp & Schwarz, 2017, S. 89–91). Aber für die Sozialwirtschaft kann das neue Paradigma eine Aufwertung bedeuten, denn es stellt die Sozialwirtschaft in den Fokus der wissenschaftlichen Studien zu Innovationen. Gerade an die Sozialwirtschaft werden hohe Erwartungen gestellt, sei es beim Kampf gegen den Fachkräftemangel oder anderen durch den demografischen Wandel verursachten Probleme.

Die Europäische Kommission benennt den demografischen Wandel, migrationsspezifische Herausforderungen sowie die Arbeitslosigkeit unter Jugendlichen als gesellschaftliche Herausforderungen in der EU (European Commission und Brodolini, 2018, S. i). Lösungen zu den Herausforderungen werden aus unterschiedlichen wissenschaftlichen Perspektiven und mit unterschiedlichen Methoden entwickelt. Im Fokus der Managementstudien steht oft der Produktionsprozess, womit entweder neuartige oder kostengünstigere Produkte auf den Markt gebracht werden können. Auch soziale Innovationen werden innerhalb dieses Referenzrahmens betrachtet. Im Managementansatz werden die Problemlagen als Chance für neues Wirtschaftswachstum gesehen (Hofbauer, 2016, S. 15). Der demografische Wandel etwa bietet neue Möglichkeiten für neuartige Produkte und Dienstleistungen für die Älteren.

Für die Soziale Arbeit ist jedoch maßgebend, ob ihren Adressatinnen und Adressaten durch die Innovationen ein Mehrwert entsteht (Hüttemann & Parpan-Blaser, 2012, S. 80). Neuartige Praktiken der Sozialen Arbeit, die gesellschaftliche Änderungen bewirken, sind laut Hüttemann und Parpan-Blaser jedoch nur bedingt möglich. Erstens führt die Soziale Arbeit die ihr gegebenen gesellschaftlichen Aufgaben. Sie ist also den gegebenen Rahmenbedingungen verpflichtet. Zweitens sind gesellschaftliche Wirkungen der Sozialen Arbeit, und somit der soziale Mehrwert der Innovation, nur schwer zu belegen (Hüttemann & Parpan-Blaser, 2012, S. 84–86). Genügend konkrete Beweise dafür, wie die Sozialwirtschaft (insbesondere die Sozialunternehmen) Innovationen generiert und radikale Änderungen auf gesellschaftlicher Ebene bewirkt, können nicht geliefert werden (European Commission, 2021, S. 144). Die Erfolge bleiben der Öffentlichkeit verborgen. Die Kommission verlangt von der Sozialwirtschaft und den öffentlichen Trägern deswegen eine bessere und belegbare Wirksamkeitserfassung.

Trotz Herausforderungen bei der Wirksamkeitsmessung können in der Sozialen Arbeit und im Bildungsbereich inkrementelle und radikale Innovationen identifiziert werden. Laut Rolf Werning bedeutet Integration im Schulkontext *„Unterrichtung von Schülerinnen und Schülern in der Allgemeinen Schule"*, während Inklusion *„die Akzeptanz von Unterschieden in der Schule betonen"* soll

(Werning, 2010, S. 284). Integration verbessert die Möglichkeiten der Kinder mit Behinderung innerhalb der Normen des Schulsystems und kann somit als inkrementelle Innovation gelten. Inklusive Praktiken dagegen geben den Behinderungen eine völlig neue Bedeutung – Diversität und Heterogenität, was auf eine radikale Innovation hindeutet. Allerdings müsste die Inklusion akzeptiert werden, um sich etablieren zu können.

Radikale Innovationen sind oft teuer, mit hohen Risiken verbunden (European Commission und Fondazione Giacomo Brodolini, 2018, S. 31; Hüttemann & Parpan-Blaser, 2012, S. 80) und nur selten erfolgreich (Norman & Verganti, 2014, S. 83). Soziale Arbeit dagegen betont Vertrauen und Verlässlichkeit (Böckenhoff, 2016, S. 28). Der wissenschaftliche und politische Fokus auf radikale Innovationen zur Problemlösung kann für Klient*innen und sozialwirtschaftliche Organisationen, die langsame und vorsichtige Änderungen schätzen, problematisch werden.

4.3.2 Feministische Differenzstrategie am Beispiel von Green Care

Mit dem Konzept der sozialen Innovation ist die Hoffnung verknüpft, eine nicht-technologische Innovationsform gesellschaftlich anzuerkennen. Feministische Differenzstrategie versucht, innovative Produkte und Dienstleistungen von Innovator*innen sichtbar zu machen. Es werden Wettbewerbe organisiert und Preise vergeben, u. a. für weibliche Erfinderinnen und Unternehmensgründerinnen. Es wird gezeigt, dass Frauen anders gründen als Männer, andere Themen erforschen als Männer und im sozialen Bereich innovativ sind. Differenzstrategien werden angewendet, um weibliche Innovator*innen und ihre Erfindungen in den ‚nicht-patentaffinen Disziplinen' als innovativ hervorzuheben. Ein Beispiel für ein weltweit anerkanntes innovatives Konzept im sozialen Bereich ist Green Care, wo Pflege-, Erziehungs- und soziale Dienstleistungen in und mit der Natur stattfinden (Abb. 4.3). Green Care wurde in Holland entwickelt und ist mittlerweile überall in Europa anzutreffen. In Green Care ist die Natur mit ihrer Flora und Fauna ein aktives Element, beispielsweise als tiergestützte Therapie, die Gartentherapie und die soziale Landwirtschaft. Green Care wird als eine innovative Arbeitsform von Frauen anerkannt. Es schafft Beschäftigungsmöglichkeiten sowohl für die Frauen, die selbst ein Green-Care-Konzept gründen, als auch für andere Frauen, die ihre Dienstleistungen in Anspruch nehmen, um selbst arbeiten gehen zu können (Gramm et al., 2020, S. 466–467). Green Care trägt offensichtlich zur Verringerung des Gender Innovation Gaps bei.

Abb. 4.3 Frauen sollen in ihrem eigenen Kompetenzfeld innovativ werden. (Quelle: Eigene Abbildung)

Mittlerweile gibt es auch erste Studien zu den gesellschaftlichen Wirkungen. Laut Di Iacovo (2020, S. 5268–5269) verbessert Green Care nicht nur die lokale Zusammengehörigkeit und erhält die Servicestruktur in peripherischen Regionen aufrecht, sondern bietet auch eine robuste Lebensgrundlage während ökonomischer Krisen, indem Menschen ihre Existenz aus mehreren Quellen beziehen können und kooperativ ihre Region entwickeln.

Green Care ist ein Beispiel von Innovationen, die in der Peripherie von Menschen in Professionen entwickelt werden, die traditionell nicht als innovativ gelten. Auch wird Green Care oft kooperativ und gemeinschaftlich entwickelt und angeboten. Solche Innovationen entstehen nicht plötzlich und medienwirksam. Auch sind die Auswirkungen einer Innovation in und für die Peripherie nicht leicht erkennbar, geschweige denn die Identifizierung von Wirkungen in größerem Maße, für andere Regionen und ihre Anwohner*innen. Innovationen aus der Peripherie können jedoch als kontextuell radikal bezeichnet werden. Dabei werden die Neuartigkeit und die positiven gesellschaftlichen Wirkungen von Green Care in Italien mit Begriffen wie Selbstverantwortung, Social Entrepreneurship und Subsidiarität begründet (Di Iacovo, 2020, S. 5269). Das sind alles gesellschaftliche Trends Richtung Privatisierung staatlicher Leistungsproduktion. Die Differenzstrategie, die die frauentypischen Dienstleistungen und Berufe als innovatives Green Care hervorhebt, nutzt den sozialen Determinismus, indem sie ihre Strategie auf die kulturellen und sozialen Trends baut. Es werden diejenigen positiven Arbeitsweisen und Wirkungen betont und angestrebt, die gesellschaftlich aktuell sind.

Trotz gesellschaftlicher Anerkennung der Green-Care-Innovationen verstärken diese gleichzeitig die bestehenden Geschlechterrollen und -verhältnisse. Gramm und Kolleg*innen stellen in ihrer Studie in Tirol ernüchternd fest, dass Green Care Frauen „Autonomie in Abhängigkeit" ermöglicht: Sie sind zwar erfolgreich, stecken aber in ihren traditionellen Rollen fest. Denn die Innovationen und

4.3 Humankapitalbasierte Innovationen: Radikale leise Änderungen

der wirtschaftlicher Erfolg basieren auf der legitimen und gesellschaftlich akzeptierten geschlechterspezifischen Arbeitsteilung, die auch nicht die Innovationen infrage stellen (Gramm et al., 2020, S. 467).

Diese Erkenntnis deutet auf einen Bedarf an Transformationsstrategien hin, um den Innovationen von Frauen eine stärkere Bedeutung zu ermöglichen, zum Beispiel in der Form von Sozialdeterminismus. Der Sozialdeterminismus stellt den Gegenpol zum Technologiedeterminismus dar. Für Sozialdeterminist*innen sind die technologischen Entwicklungen keine unabhängige exogene Ursache für gesellschaftliche Änderungen, sondern umgekehrt: Gesellschaftliche Entwicklungen lenken die technologische Entwicklung (Tessema, 2021, S. 67). Auch Normanti und Vergant (2014, S. 87–88) argumentieren, dass radikale Innovationen nicht nur dem technologischen Wandel folgen, sondern auch gesellschaftlichen Trends. Wandel von gesellschaftlichen Normen hat Einfluss darauf, welche Technologie für welchen Zweck entwickelt wird. Die Weltkriege und der dadurch gestiegene Arbeitseinsatz der Frauen in Industrie und Landwirtschaft haben zu neuen Modeinnovationen geführt. Aus praktischen Gründen mussten für Frauen neue Kleidungsstücke entwickelt werden; Hosen und praktischere Röcke, womit sie Fahrrad fahren und physische Arbeit leisten konnten. Auch die Corona-Pandemie hat technologische Innovationen für Distance Learning und virtuelle Meetings gefördert.

Aber nicht immer müssen die gesellschaftlichen Änderungen so extrem und plötzlich eintreten wie Kriege und Pandemien. Der demografische Wandel hat sich langsam entwickelt. Einige Änderungen können schon jetzt beobachtet werden. Die Arbeiterwohlfahrt (AWO) sowie einige andere soziale Organisationen bieten seit 2019 geschlechtergerechte Hilfsangebote auch für ältere Menschen (Abb. 4.4). In den ambulanten und stationären Altenhilfeeinrichtungen für LSBTIQ*-Menschen sollen sich queere Senior*innen sicher und willkommen fühlen (AWO Arbeiterwohlfahrt, 2022, 17.5.).

Dies bedeutet erstens, dass die radikalen Innovationen gewissermaßen als Anpassung an strukturelle Änderungen zu verstehen sind (Merenheimo, 2016, S. 88–89). Dies macht wiederum die Trennlinie zwischen Inkrementellem und Radikalem unscharf und stellt die nahezu automatisierte Annahme der technologischen Innovationen als radikale Innovationen somit infrage. Zweitens, dass gerade

Abb. 4.4
Geschlechtergerechte Hilfsangebote für ältere Menschen. (Quelle: Eigene Abbildung)

ein gesellschaftlicher Wertewandel Innovationsmöglichkeiten anbieten kann, die den Frauen aus der Abhängigkeit verhelfen könnten, deutet auf das radikale Potenzial der sozialen Innovationen. Dabei kann eine Änderung in sozialen Praktiken zwar langsam und trotzdem radikal sein.

4.4 Moral und Geschlecht einer Änderung: Positive Änderungen für wen?

Viele politische Strategien gehen davon aus, dass soziale Innovationen das Leben für alle verbessern sollen. Eine solch positive Bewertung der Änderung wird auch von den meisten Innovationstheoretiker*innen befürwortet. Sie bringt jedoch die Moral mit in den wissenschaftlichen Diskurs um soziale Innovationen. Denn die Entscheidung, welche gesellschaftlichen Probleme bekämpft werden sollen und welche nicht und mit welchen neuen Methoden sie bekämpft werden, muss nach bestimmten Kriterien und Normen getroffen werden. Dass alle Menschen davon ausschließlich profitieren, ist unwahrscheinlich. Außerdem können soziale Innovationen ungeplante negative Wirkungen haben.

4.4.1 Die dunkle Seite der sozialen Innovationen

Hofbauer definiert soziale Innovationen als „konfliktreiche und dynamische Durchsetzung neuer Formen und Prozesse sozialer Praktik" (Hofbauer, 2016, S. 18). Trotz Problemlösungsorientierung sind soziale Innovationen also keine harmonische Positivsummenspiele, indem alle nur gewinnen. Veränderte soziale Praktiken bringen Vorteile für die einen und Nachteile für die anderen, die auch aus der Geschlechterperspektive analysiert werden können (Abb. 4.5).

Farzad Khan und Kolleg*innen (2007) stellen ein bekanntes Beispiel für die Einführung einer gut gemeinten innovativen Arbeitspraktik mit negativen Folgen in Sialkot, Pakistan, vor. In den 1990er Jahren nähten insbesondere Frauen in Pakistan zu Hause Fußbälle für die FIFA und für multinationale Sportkonzerne. Sie wurden dabei heimlich und verbotenerweise von ihren Kindern unterstützt.

Abb. 4.5 Bei Änderungen gibt es Gewinner*innen und Verlierer*innen. (Quelle: Eigene Abbildung)

4.4 Moral und Geschlecht einer Änderung: Positive Änderungen für wen?

Die weltweite Empörung über die Kinderarbeit bei der Fußballproduktion hatte jedoch zur Folge, dass neue Arbeitspraktiken in der Fußballproduktion gefordert wurden. Frauen (und Männer) sollten nicht mehr zu Hause die Näharbeit verrichten, was die heimliche Kinderarbeit ermöglichte, sondern in speziellen Nähzentren, wo die Arbeitsbedingungen überwacht werden konnten. Das Projekt wurde von weiteren Erneuerungen wie Bildungsangeboten und sozialer Unterstützung begleitet. Es wurde erwartet, dass die verbesserten Arbeitsbedingungen sowohl den Näher*innen als auch den Kindern zugutekämen. Die betroffenen Kinder berichteten jedoch, dass Nähen ihnen Respekt gegeben hatte und das Gefühl, ihrer Familie zu helfen. Sie wollten arbeiten, aber zu einem angemessenen Lohn und unter guten Arbeitsbedingungen. Die Näher*innen beklagten sich wegen langer unproduktiver Arbeitswege zu den Nähzentren und wegen der eingeführten starren Arbeitszeiten. Auch sank ihr Einkommen deutlich im Vergleich zum Nähen zu Hause zu flexiblen Uhrzeiten. Kahn und Kolleg*innen kommen zu dem Ergebnis, dass sich die Einführung neuer Arbeitspraktiken in den Nähzentren an den westlichen Werten orientierte und den Konsument*innen in den westlichen Ländern ein gutes Gewissen ermöglichte. Die ökonomische Situation der Näher*innen verschlechterte sich dagegen (Kahn et al., 2007, S. 1070–1072). Das Beispiel zeigt, dass soziale Innovationen auch mehr schaden als nützen können. Logue bezeichnet solche negativen Wirkungen als „die dunkle Seite" von sozialen Innovationen (Logue, 2019, S. 22).

Auch geschlechterspezifische soziale Innovationen sind oft konfliktbeladen, seien es neue kreative Ausschreibungen, um weibliche Bewerber*innen für Leitungspositionen anzusprechen, oder Quotenregelungen, um den Frauenanteil in der Führungsetage zu erhöhen. Plötzlich sollen Frauen bei gleicher Eignung bevorzugt eingestellt werden oder die Erziehungszeiten gleichwertig zu (anderer) Berufserfahrung werden. Wenn die Anzahl der vakanten Führungspositionen dabei stabil bleibt und der Kuchen nicht größer wird, begegnen die Bewerber*innen einer neuartigen und härteren Konkurrenz um die wenigen begehrten Positionen.

Auch Frauenhäuser können konfliktbeladen sein. Frauenhäuser in Deutschland sind als Ergebnis feministischer Bewegungen in den 1970er Jahren entstanden. Heute bieten sie nicht nur professionellen und institutionalisierten Schutz, Beratung und Unterstützung für die betroffenen Frauen und ihre Kinder, sondern setzen sich auch öffentlich mit der Thematik Gewalt auseinander (Henschel, 2019, S. 54). Aber während weibliche Kinder dort in jedem Alter aufgenommen werden, ist die Situation der männlichen Kinder erheblich schwieriger, denn die meisten Frauenhäuser nehmen keine männlichen Jugendlichen über 12 bzw. 14 Jahre auf (Henschel, 2019, S. 59). Diese Praxis ist naheliegend. Da die meisten

Gewalttäter männlich sind, lösen männliche Bewohner*innen im Frauenhaus bei den betroffenen Frauen Aggressionen und Angstzustände aus. Gleichzeitig grenzt die Praxis aber männliche Hilfesuchende aus dem Schutzraum aus. Nicht selten führt dies auch zur Ausgrenzung der Mütter, die sich weigern, sich von ihren Söhnen zu trennen. Erstmalig in Köln wird bei der Errichtung des dritten Frauenhauses die strikt binäre Geschlechterteilung behoben, und werden auch Jungen über 12 Jahren sowie Trans*frauen aufgenommen (Stadt Köln, 11.08.2020).

4.4.2 Kollektivität

In der Literatur zu sozialen Innovationen im öffentlichen Sektor wird die kollektive und kooperative Form des Innovationsprozesses stark betont. Der sogenannte ‚Co-Creation'-Prozess von sozialen Innovationen wird von multiplen Stakeholdern gestaltet. Anstatt Innovationen in einer F&E-Abteilung zu entwickeln, werden Workshops organisiert oder digitale Plattformen erschaffen, wo Ideen präsentiert und gemeinsam entwickelt werden können. Charakteristisch für Co-Creation ist die Beteiligung von Klient*innen und Adressat*innen am Prozess.

Die Erkennung des Konfliktpotenzials sozialer Innovationen betont die große Bedeutung eines kooperativen Innovationsprozesses. Denn nur wenn möglichst viele unterschiedliche Stakeholdergruppen am Prozess beteiligt sind, kann möglichen Konflikten vorgebeugt werden. Danielle Logue (2019, S. 63) betont jedoch, dass die Voraussetzung für eine breite Beteiligung die vorhandenen Ressourcen sind. Bei einem digitalen Innovationsprozess können Menschen ausgeschlossen bleiben, die keinen Zugang zu digitalen Geräten und Internet haben.

Mit steigender Teilnehmer*innenzahl wird der Innovationsprozess zwar inklusiver, aber auch komplexer. Der Intersektionalitätsansatz könnte dafür eingesetzt werden, die multiplen Positionen der Teilnehmenden begreiflich zu machen. Ethel Mickey und Laurel Smith-Doerr (2022, S. 1–2) bemerken, dass die Innovationsliteratur zwar zunehmend die Bedeutung der Geschlechterrollen zu Innovationsfähigkeiten und -gelegenheiten berücksichtigt, die Bedeutung der Ethnie und Klasse sowie deren Kreuzungen aber bis heute fehlen. Der Klassismus kommt aber auch in der Sozialwirtschaft durch die Zweiteilung des Arbeitsbereichs in ausführende einfache schlechtbezahlte Tätigkeiten und qualifizierte besserbezahlte Tätigkeiten zustande (Duffy, 2011, S. 136–137). Mickey und Smith-Doerr schlagen vor, soziologische Analysen zu Innovationen aus der intersektionalen Perspektive durchzuführen, um die Machtverhältnisse und die Unterdrückung innerhalb von Innovationssystemen zu entdecken und zu verstehen.

4.4 Moral und Geschlecht einer Änderung: Positive Änderungen für wen?

Solange Innovationen vorwiegend den akademischen Berufen und Disziplinen zugeschrieben werden, während die Praxis und die praxisorientierten Berufe weitgehend davon ausgeschlossen bleiben, werden Gruppen ausgeschlossen, die in den einfachen Tätigkeiten beschäftigt werden (Mickey & Smith-Doerr, 2022, S. 10). Für Deutschland können insbesondere Menschen, die in Jobs in den Niedriglohnbereichen tätig sind, als solche Gruppen identifiziert werden. 2017 betrug der Anteil der Personen mit Migrationshintergrund, die in Deutschland einen Niedriglohn erhalten, 30,3 %. Dabei gehen Menschen mit Migrationshintergrund oft einer Arbeit nach, die ein niedrigeres Qualifikationsniveau erfordert, als sie eigentlich besitzen (Düll & Vetter, 2020, S. 15). Ein niedriges Einkommensniveau von einer Haupttätigkeit war außerdem bei Personen, die in den östlichen Bundesländern leben, häufiger anzutreffen (33,3 %) als bei Personen in den westlichen Bundesländern (20 %). Bei Beschäftigten im Sozialwesen (Wirtschaftszweige 88 und 89) sind überwiegend Frauen nur geringfügig beschäftigt: 139.983/190.906 = 73 % (Bundesagentur für Arbeit 2022). Intersektionale Analysen zu diesen Gruppen fehlen. Solche Ausschlüsse könnten mit den Aufhebungsstrategien behoben werden. Es müsste gezeigt werden, wie repetitive Routinetätigkeiten Innovationen ermöglichen.

Literaturempfehlungen zur Vertiefung
European Commission. (2020). *Gendered Innovations 2: How Inclusive Analysis Contributes to Research and Innovation: policy review.* Publications Office. https://data.europa.eu/doi/10.2777/316197.

Mickey, E., & Smith-Doerr, L. (2022). Gender and innovation through an intersectional lens: Re-imagining academic entrepreneurship in the United States. *Sociology Compass,* 16(3), o. S. https://doi.org/10.1111/soc4.12964.

Wigren-Kristoferson, C., & Aggestam, M. (2021). Exploring the masculinization of innovation practice within a municipality. International Journal of Gender and Entrepreneurship, 13(3), 243–258. https://doi.org/10.1108/IJGE-11-2020-0189.

Fragen zur Übung und Kontrolle des Lernerfolgs:

1. Wie hat Technik zu neuen innovativen Methoden im sozialen Bereich beigetragen?
2. Welche Methoden im sozialen Bereich können als inkrementelle, welche als radikale Innovationen bezeichnet werden?
3. Welche negativen Folgen können neue Methoden im sozialen Bereich verursachen?

4. Warum sollen Innovationen im sozialen Bereich gesellschaftlich anerkannt werden?

Literatur

AWO Arbeiterwohlfahrt (2022, 17.5.). Für eine inklusive und queer-sensible Gesellschaft. https://awo.de/fuer-eine-inklusive-und-queer-sensible-gesellschaft. letzter Zugriff 4.10.2023.

Böckenhoff, A. (2016). Die europäische Debatte um soziale Innovation: Chancen und Risiken für die Sozialwirtschaft. *Sozialer Fortschritt, 65*(1–2), 24–31. https://doi.org/10.3790/sfo.65.1-2.24.

Bundesministerium der Justiz und für den Verbraucherschutz. (2020). Richtlinie „Gesellschaft der Ideen – Wettbewerb für Soziale Innovationen". Förderung der Entwicklung von Sozialen Innovationen. *Bundesanzeiger* 6.5.2020, 2–14.

Bundesagentur für Arbeit. (2022). Tabellen, Beschäftigte nach Wirtschaftszweigen WZ 2008 (Quartalszahlen). https://statistik.arbeitsagentur.de/.

Die Bundesregierung (2023). Nationale Strategie für Soziale Innovationen und Gemeinwohlorientierte Unternehmen. Bundesministerium für Wirtschaft und Klimaschutz (BMWK)Bundesministerium für Bildung und Forschung (BMBF) Öffentlichkeitsarbeit11019 Berlin. https://www.bmbf.de/bmbf/shareddocs/kurzmeldungen/de/2023/09/230913_sigu.html. letzter Zugriff 5.10.2023.

Di Iacovo, F. (2020). Social farming evolutionary web: From public intervention to value co-production. *Sustainability, 12*(13), 5269. https://doi.org/10.3390/su12135269.

Duffy, M. (2011). *Making care count: A century of gender, race, and paid care work*. Rutgers University Press.

Düll, N., & Vetter, T. (2020). *Die Beschäftigungssituation und die soziale Lage in Deutschland* (PE 648.803; S. 64). Fachabteilung Wirtschaft, Wissenschaft und Lebensqualität Europäisches Parlament. http://www.europarl.europa.eu/committees/de/supporting-analyses-search.html.

Elam, A., Hughes, K., Guerrero, M., Hill, S., Nawanpalupi, C., del Mar Fuentes, M., Dianez Gonzalez, J. P., Nicolas Martínez, C., Rubio Banon, A., Chabrak, N., Brush, C., Baumer, B., & Heavlow, R. (2021). *Women's Entrepreneurship 2020/21: Thriving Through Crisis*. Global Entrepreneurship Monitor, 146.

European Commission (2020). *Gendered innovations 2: How inclusive analysis contributes to research and innovation: Policy review*. Publications Office. https://doi.org/10.2777/316197.

European Commission, Directorate General for Employment & Social Affairs and Inclusion (2021). *Impact of the European Commission's social business initiative (SBI) and its follow-up actions: Final report*. Publications Office. https://doi.org/10.2767/463497.

European Commission, Directorate General for Employment, Social Affairs and Inclusion & Fondazione Giacomo Brodolini. (2018). *ESF performance and thematic reports: The ESF support to social innovation: Final report*. Publications Office. https://doi.org/10.2767/52176.

Literatur

Gramm, V., Dalla Torre, C., & Membretti, A. (2020). Farms in progress-providing childcare services as a means of empowering women farmers in South Tyrol. Italy. *Sustainability, 12*(2), 467. https://doi.org/10.3390/su12020467

Henschel, A. (2019). *Frauenhauskinder und ihr Weg ins Leben: Das Frauenhaus als entwicklungsunterstützende Sozialisationsinstanz* (1. Aufl.). Barbara Budrich. https://doi.org/10.2307/j.ctvfc53g2.

Hirschfeld, D. A., Gilde, J., Wöss, N., & Müller, B. (2020). *Female founders monitor.* Bundesverband Deutsche Startups e. V.

Hofbauer, R. (2016). Soziale Innovation als neues Leitbild für soziale Entwicklung? *Zeitschrift für Zukunftsforschung,* 1. https://nbn-resolving.org/urn:nbn:De:0009-32-44841

Hüttemann, M., & Parpan-Blaser, A. (2012). Innovation in der Sozialen Arbeit: Ein altbekanntes Phänomen und ein neues Forschungsgebiet. *Schweizerische Zeitschrift für Soziale Arbeit = Revue suisse de travail social, 12,* 75–98. https://doi.org/10.5169/SEALS-832466

Khan, F. R., Munir, K. A., & Willmott, H. (2007). A dark side of institutional entrepreneurship: Soccer balls, child labour and postcolonial impoverishment. *Organization Studies, 28*(7), 1055–1077. https://doi.org/10.1177/0170840607078114.

Köhler, K., & Goldmann, M. (2010). Soziale Innovation in der Pflege – Vernetzung und Transfer im Fokus einer Zukunftsbranche. In J. Howaldt & H. Jacobsen (Hrsg.), *Soziale Innovation* (S. 253–270). VS Verlag. https://doi.org/10.1007/978-3-531-92469-4_14.

Kopp, R., & Schwarz, M. (2017). Industrie 4.0 aus der Perspektive sozialer Innovationen. *WSI-Mitteilungen, 70*(2), 89–97. https://doi.org/10.5771/0342-300X-2017-2-89

Koppel, O., Röben, E., & Wojda, J. (2019). Der Beitrag weiblicher Erfinder zu deutschen Patentanmeldungen, *IW-Trends 1.* Institut der deutschen Wirtschaft Köln e. V.

Logue, D. (2019). *Theories of Social Innovation.* Elgar.

Merenheimo, P. (2016). „The good, the bad and the ugly": Societal understandings framing opportunities for female entrepreneurship in care. *International Journal of Innovation and Regional Development, 7*(2), 77–96. https://doi.org/10.1504/IJIRD.2016.077879

Mickey, E., & Smith-Doerr, L. (2022). Gender and innovation through an intersectional lens: Re-imagining academic entrepreneurship in the United States. *Sociology Compass, 16*(3), o. S. https://doi.org/10.1111/soc4.12964

Morais Maceira, H., Limanowska, B., Tsoutsias, D., European Institute for Gender Equality & European Institute for Gender Equality. (Hrsg.). (2017). *EU and member states overviews.* Publications Office of the European Union. https://doi.org/10.2839/531135.

Norman, D. A., & Verganti, R. (2014). Incremental and radical innovation: Design research vs. Technology and Meaning Change. *Design Issues, 30*(1), 78–96. https://doi.org/10.1162/DESI_a_00250.

Stadt Köln. (11.8.2020). *Schutz gegen häusliche Gewalt – Köln soll ein drittes Frauenhaus erhalten.* https://www.stadt-koeln.de/politik-und-verwaltung/presse/mitteilungen/22232/index.html. letzter Zugriff 4.10.2023.

Tessema, D. (2021). Technological determinism versus social determinism, a critical discussion. *Ethiopian Journal of Sciences and Sustainable Development,* 65–72. https://doi.org/10.20372/EJSSDASTU:V8.I2.2021.250.

Țicău, I. R., & Hadad, S. (2021). Technological determinism vs. social shaping of technology. The influence of activity trackers on user's attitudes. *Management Dynamics in the Knowledge Economy, 9*(2), 147–163.

Werning, R. (2010). Inklusion zwischen Innovation und Überforderung. *Zeitschrift für Heilpädagogik, 8,* 284–291.
Wigren-Kristoferson, C., & Aggestam, M. (2021). Exploring the masculinization of innovation practice within a municipality. *International Journal of Gender and Entrepreneurship, 13*(3), 243–258. https://doi.org/10.1108/IJGE-11-2020-0189.

Nachhaltige Sozialwirtschaft aus der Genderperspektive

Zusammenfassung

Die deutsche Wirtschaftspolitik basiert auf den Prinzipien der Nachhaltigkeit, denn sie folgt den Zielen der Agenda 2030 der Vereinten Nationen. Eines dieser Ziele widmet sich explizit der Geschlechtergleichstellung. In der Mainstreamökonomie werden Geschlecht und Natur jedoch weitestgehend ignoriert. Die sorgenden Tätigkeiten werden entweder als private Angelegenheiten oder als Kosten betrachtet. Ihre wirtschaftliche Bedeutung wird nicht erkannt oder anerkannt. Mehrere alternative Ansätze wurden entwickelt, um eine solch einseitige Perspektive auf die Wirtschaft zu erweitern. Green-Growth-Ansätze betonen die endlichen natürlichen Ressourcen und erlauben ein Wirtschaftswachstum nur innerhalb eines nachhaltigen Rahmens. Degrowth-Ansätze betonen die negativen Auswirkungen des privaten Konsums und plädieren für mehr Eigenproduktion und -verantwortung. Feministische Ansätze kritisieren auch die Nachhaltigkeitsansätze für die ungenügende Wahrnehmung des Geschlechts. Sie plädieren für die wirtschaftliche Anerkennung der Sorgeökonomie und eine Transformation des Erwerbsmodells, um gutes Leben für alle Geschlechter mit Pflegeverpflichtungen zu ermöglichen. Eine radikale gesellschaftliche Transformation erscheint heute noch utopisch. Einige konkrete Instrumente wie Gender Budgeting in der öffentlichen Haushaltsführung sowie Gender-smart Impact (Gender Lense) Investing werden jedoch schon weltweit eingesetzt.

> **Lernziele**
>
> - Die Mainstream-Ökonomie aus der Geschlechterperspektive zu analysieren
> - Das Konzept der nachhaltigen Ökonomie aus der Geschlechterperspektive zu analysieren
> - Den Unterschied zwischen Sorgeökonomie und sorgender Ökonomie erkennen

5.1 Nachhaltigkeit als Kritik zum Bruttoinlandsprodukt: Der verpönte Konsum

Der Wohlstand einer Nation wird ökonomisch weltweit mithilfe des Bruttoinlandsprodukts (BIP) gemessen. Dabei wirken sowohl seine absolute Höhe als auch seine Entwicklung auf den Wohlstand der Bürger*innen und Bürger. Die ökonomischen Theorien gehen davon aus, dass die nationale Wirtschaft stetig wachsen und das Einkommensniveau ihrer Bewohner*innen sich erhöhen müssen, um den nationalen Wohlstand langfristig gewährleisten zu können.

5.1.1 BIP und Wirtschaftswachstum

In der volkswirtschaftlichen Gesamtrechnung hat jedes Produkt und jede Dienstleistung einen monetären Wert, der durch die Kauf-/Verkaufsaktion ermittelt werden kann. Wenn alle Produkte und Dienstleistungen eines Landes zusammenaddiert werden, entsteht das Bruttoinlandsprodukt (BIP). Als volkswirtschaftliches Wirtschaftswachstum wird der Wertzuwachs an BIP bezeichnet. Das Wachstum bedeutet den Wert an Produkten und Dienstleistungen, die im Vergleich zum Jahr davor im Land *mehr* produziert (und verkauft) wurden. Die Produktion ist in Deutschland grundsätzlich immer gewachsen und abgesehen von den Krisenjahren 2009 als Folge der Finanzkrise und 2020 der Corona-Pandemie waren die Änderungen im BIP stets positiv.

Da das BIP ein standardisiertes Verfahren ist, das (fast) überall auf der Welt ermittelt wird, können die Werte international miteinander verglichen werden. Das größte BIP produzieren die USA, China, Japan und Deutschland (International Monetary Fund IMF, 2022a). Wird das BIP mit der Bevölkerung ins Verhältnis gesetzt, erhält man das BIP/Kopf. Dies gibt besser als das einfache BIP Auskunft darüber, welchen materiellen Wohlstand die Einwohner*innen des Landes genießen. So können nämlich kleine und große Länder miteinander verglichen werden. Die Zahl hat sich seit geraumer Zeit in Deutschland vergrößert. Lange galt das Wachstum als Garantie und Zeichen dafür, dass es den zukünftigen Generationen besser geht als ihren Eltern.

Die Gesamtproduktion eines Landes (BIP) sowie sein Wirtschaftswachstum kommen durch mehrere Komponenten und Transaktionen zustande. In der Makroökonomie wird die Beziehung mit einer einfachen Formel dargestellt:

$$BIP = C + G + I + X - M$$

C = Konsum der Haushalte
G = Staatsausgaben
I = Investitionen
X = Exporte
M = Importe

Alle positiven Größen tragen zum Wirtschaftswachstum bei (C, G, I, X) (Stiglitz, 1997, S. 570). Unsere Wirtschaft wächst also, wenn die Haushalte Produkte und Dienstleistungen kaufen (C), wenn der öffentliche Sektor Produkte und Dienstleistungen kauft (G), wenn Unternehmen und der Staat investieren (I) und wenn andere Staaten unsere Produkte und Dienstleistungen kaufen (X). Wenn wir Produkte und Dienstleistungen aus anderen Staaten kaufen (M), werden auch diese in der volkswirtschaftlichen Statistik als Transaktionen erfasst. Sie werden aus der inländischen Gesamtproduktion (BIP) aber abgezogen, weil sie nicht im Inland, sondern im Ausland produziert wurden.

Die Berechnung des BIPs beinhaltet mehrere Beschränkungen. Eine davon ist die komplette Ignoranz von Umweltschäden, die durch die Waren- und Dienstleistungsproduktion entstehen. Ohne die Berücksichtigung der Umweltschäden führt das stetige Wirtschaftswachstum nicht zum gesteigerten Wohlstand, sondern verringert ihn: Verschmutzte Luft wird nicht nur die Lebensqualität, sondern auch die Gesundheit der Menschen gefährden. Nicht nur die Umweltschützer*innen und Politiker*innen, sondern auch viele Ökonom*innen sehen die Unternehmen in der Pflicht, ihre Produktionsweise zu ändern. Sie verlangen nachhaltige Produktionsprozesse und deren Kontrolle. Dabei verweisen sie oft auf das Nachhaltigkeitskonzept von John Elkington (1999), das ‚Triple-Bottom-Line', auf

Deutsch Drei-Säulen-Modell. Trotz einer sozialen Mission ist das Nachhaltigkeitsmanagement auch für die Sozialwirtschaft von Bedeutung, denn auch die sozialwirtschaftlichen Organisationen können negative Auswirkungen auf Menschen, Tiere und Umwelt haben (Stepanek, 2022, S. 23). Durch ihre Rolle als Multiplikatorin sieht Michael Batz (2021, S. 102) sogar zusätzliche Relevanz und Verantwortung für die Sozialwirtschaft im Bereich der Nachhaltigkeit, denn die Sozialwirtschaft hat sowohl direkte als auch indirekte Wirkungen auf ihre Klient*innen, Beschäftigten und Ehrenamtlichen.

5.1.2 Die ökonomische, ökologische und soziale Nachhaltigkeit

Das Drei-Säulen-Modell ist ein Konzept, womit Unternehmen ihre Unternehmenspolitik und Produktion aus den drei Nachhaltigkeitsperspektiven planen können. Es besteht aus der ökonomischen, ökologischen und sozialen Perspektive zu Nachhaltigkeit. In Elkingtons Modell werden alle Perspektiven mit unterschiedlichen Kapitalformen veranschaulicht. Ob ein Unternehmen ökonomisch nachhaltig arbeitet, kann anhand seines ökonomischen Kapitals geprüft werden: Wie es sein physisches Kapital (die Maschinen oder Räumlichkeiten), sein finanzielles Kapital oder das Humankapital seiner Beschäftigten behandelt. Es wird ermittelt, ob diese dem Unternehmen langfristig zur Verfügung stehen und ob ihr Wert stabil bleibt (Elkington, 1999, S. 74). Ökonomische Nachhaltigkeit bedeutet, dass das Unternehmen sorgfältig mit seinen Ressourcen umgeht.

Ökologische Nachhaltigkeit bedeutet, dass mit den ökologischen Ressourcen sorgfältig umgegangen wird. Dabei unterscheidet Elkington zwischen kritischem natürlichen Kapital und erneuerbarem natürlichen Kapital (Elkington, 1999, S. 79). Das Erste umfasst alle Ressourcen, die notwendig sind für das Leben und das Ökosystems, das Zweite alle Formen, die ersetzbar oder erneuerbar sind. Nachhaltig produzierende Unternehmen nehmen bei der Produktion Rücksicht auf die beiden Kapitalformen.

Die soziale Nachhaltigkeit bedeutet in Elkingtons Modell eine Unternehmenspolitik, die das Vertrauen zwischen den Menschen befestigt, seien es die Beschäftigten, die Klient*innen oder die Bürger*innen. Elkington zählt dazu eine Unternehmenspolitik, die Menschenrechte respektiert und einen Beitrag zur sozialen Gerechtigkeit leistet (Elkington, 1999, S. 88).

Die Nachhaltigkeitsorientierung bedeutet, dass das Wirtschaftswachstum nicht auf Kosten der zukünftigen ökonomischen, ökologischen und sozialen Ressourcen geht. Grob gesehen haben Unternehmen und andere Wirtschaftssubjekte dabei

5.1 Nachhaltigkeit als Kritik zum Bruttoinlandsprodukt: ...

zwei Möglichkeiten. Vertreter*innen der Degrowth-Bewegung betrachten die auf das stetige unbegrenzte Wachstum und hohen Ressourcenverbrauch gebaute Wirtschaftsweise in den wohlhabenden Ländern als intergenerationell und global ungerecht. Sie schlagen vor, dass die Unternehmen der wohlhabenden Länder ihr Geschäftsmodell auf *moderates* Wachstum begrenzen, anstatt nach kontinuierlichem und höchstmöglichem Wachstum durch stetige Produktionssteigerung zu streben. Sie sollen also auf die Konkurrenzorientierung und somit auch auf Gewinne verzichten. Als Folge solcher verzichtender Wirtschaftsweise sinkt die monetär bewertete Produktion von Gütern und Dienstleistungen und damit das BIP (Petschow, 2018, S. 25). Die Degrowth-Bewegung argumentiert, dass dies jedoch keinen sinkenden Wohlstand für Menschen in den wohlhabenden Ländern bedeutet, sondern ihnen ein gutes Leben dank weniger Umweltschäden ermöglicht.

Eine andere Möglichkeit besteht darin, Geschäftsmodelle zu entwickeln, die kompatibel mit den umwelt- und klimapolitischen Maßnahmen sind. Die sogenannten Green-Growth-Ansätze erkennen Wachstumspotenzial im Klima- und Umweltschutz. Beispielsweise ermöglichen innovative Schlüsseltechnologien und die Kreislaufwirtschaft nachhaltige Produktionsweisen, ohne dass die Produktionsmengen und das BIP in den wohlhabenden Ländern sinken müssen (Petschow, 2018, S. 35–36).

Mit ihrem Ansatz „Die Marktwirtschaft reparieren" wollen Oliver Richters und Andreas Siemoneit (2019) das Augenmerk auf ein leistungsgerechtes Wirtschaftswachstum lenken, das auch ökologisch nachhaltig ist. Dabei fokussieren sie sich auf die Wiederherstellung eines gerechten Leistungsprinzips. Das Leistungsprinzip bedeutet: „Wer mehr leistet, soll auch mehr verdienen" (Richters & Siemoneit, 2019, S. 103). Allerdings sei das, was als Leistung zählt, kontextabhängig und wird letztlich von den Empfängern dieser Leistung bestimmt (Richters & Siemoneit, 2019, S. 43). Anders als viele andere Wirtschaftswissenschaftler*innen sehen Richters und Simoneit die Problematik mit dem jetzigen Leistungsprinzip nicht an fehlender Bildung einzelner Arbeitnehmer*innen, sondern an der Existenz von *leistungslosem Einkommen,* das nicht auf die eigene Arbeitsleistung zurückzuführen ist. Beim leistungslosen Einkommen handelt es sich nämlich um Gewinne, die Unternehmen und Menschen nicht durch ihre eigene Leistung, sondern durch Leistung *anderer* erzielen. Gewinne aus dem Ressourcenverbrauch wie z. B. Ölförderung basieren größtenteils auf der Leistung der Natur. Die menschliche Leistung umfasst nur einen kleinen Anteil davon. Somit erzielen Unternehmen leistungsloses Einkommen auf Kosten der Natur (Richters und Siemoneit 2019, S. 113–114).

Die Ausbeutung der Natur wird durch den *Effizienzkonsum* beflügelt. Zum Effizienzkonsum gehören Fahrzeuge, Haushaltsgeräte, Computer oder Handys, die das Pendeln, Tiefkühlkost und Onlinehandel möglich machen (Richters & Siemoneit 2019, S. 106). Laut Richters und Simoneit ist Effizienzkonsum kein freiwilliger Konsum, sondern entsteht erstens durch einen sozialen Zwang, wo die Trendsetter*innen mit dem Konsum den Weg zeigen und von begeisterten oder auch widerwilligen Nachahmer*innen gefolgt werden. Zweitens entsteht der Konsum auch durch einen ökonomischen Druck, der die Haushalte zu einem immer produktiveren und zeiteffizienteren Leben zwingt (Richters & Siemoneit 2019, S. 106–107). Um die (leistungslosen) Gewinne zu begrenzen und die Ausbeutung der Natur zu verhindern, soll der Effizienzkonsum der Haushalte begrenzt werden.

Mittlerweile gibt es eine Vielzahl an Methoden für Unternehmen, ihren Beitrag zur Nachhaltigkeit zu prüfen und messen, aber die soziale Dimension wird bei den meisten vernachlässigt (Ahmad et al., 2022, o. S.). Der Fokus liegt hauptsächlich auf den ökologischen Nachhaltigkeitskriterien. Dabei müssen große Unternehmen in der EU vielfältige Informationen zur Nachhaltigkeit veröffentlichen; wie sie die Umwelt, soziale Nachhaltigkeit, Menschenrechte und Diversität berücksichtigen (Directive, 2014/95/EU). In der Zukunft wird eine externe Prüfung der Informationen zur Nachhaltigkeit vorausgesetzt.

5.1.3 Feministische Kritik zu ökonomischen Berechnungen

Die Berechnungen zu Wirtschaftswachstum ignorieren nicht nur Umweltschäden, sondern auch alle haushaltsinternen Leistungen. Die ganze Sorgearbeit zu Hause, die nicht über den Markt abgewickelt wird, bleibt nämlich dabei unberücksichtigt (Stiglitz, 1997, S. 571). Biesecker und Kolleginnen (2012, S. 15) bemerken, dass die Kinderbetreuung und der Wasserkreislauf der Natur gleichermaßen außerökonomisch und nicht wertschöpfend werden. Somit ignorieren Berechnungsprinzipien wie das BIP völlig den Umfang, den die unbezahlt geleistete Sorgearbeit und die selbstregenerativen Kräften der Natur zum Wirtschaftswachstum beitragen (Biesecker et al., 2012, S. 15). Ulrike Knobloch (2019, S. 12) bezeichnet solche Denkweisen als „Tischlein deck dich"-Denken mit dem Hinweis auf das berühmte Märchen der Gebrüder Grimm, wo das Essen aus dem Nichts auf den Tisch gezaubert wird.

Für feministische Ökonom*innen ist das „Tischlein deck dich"-Denken aus mehreren Gründen problematisch. Erstens bleibt die überwiegend von Frauen geleistete Sorgearbeit innerhalb von Haushalten gänzlich unsichtbar. Dies hat zur

5.1 Nachhaltigkeit als Kritik zum Bruttoinlandsprodukt: ...

Folge, dass bei Wirtschaftskrisen ihre gesamtwirtschaftliche und gesellschaftliche Bedeutung unerkannt bleibt. Um die Wirtschaftsproduktion finanziell unterstützen zu können, werden nämlich Kürzungen in öffentlichen Leistungen durchgeführt. Bauhardt und Kolleg*innen bemerken, dass die Kürzungen nicht nur negative Auswirkungen auf die (weiblichen) Beschäftigten haben, sondern dass dadurch auch soziale Probleme verschärft werden (Bauhardt et al., 2017, S. 188–189).

Zweitens werden staatliche Ausgaben an die physische Infrastruktur wie Straßen, Brücken und sogar an die IT in den gesamtwirtschaftlichen Berechnungen als öffentliche Investitionen kategorisiert. Ausgaben an die soziale Infrastruktur; Kindergärtner*innen, Erzieher*innen, Sozialarbeiter*innen und Pfleger*innen, gelten dagegen als öffentlicher (oder privater) Konsum. Die unterschiedliche Behandlung zeichnet zwei völlig unterschiedlich bewertete Bereiche. Während die physische Infrastruktur mit einem langfristigen Nutzen verknüpft wird, lässt sich die soziale Infrastruktur mit nur kurzfristigem Nutzen assoziieren. Denn mithilfe von (öffentlichen) Investitionen sollen Arbeitsplätze und Wirtschaftswachstum erschaffen werden. De Henau und Kolleg*innen (2016) zeigen jedoch, dass auch Investitionen in die soziale Infrastruktur Wirtschaftswachstum generieren können. Sie vergleichen die Bauindustrie mit der Sozialwirtschaft und zeigen mit ihren Berechnungen beispielhaft, dass bei gleich großer Investitionssumme in den beiden Bereichen ein fast gleich großer Wachstumseffekt für Deutschland erzeugt werden kann[1]. Die Studie zeigt, dass Investitionen in gleicher Höhe in die beiden Branchen ungefähr in gleichem Maße, zu fast 6 %, zum Wirtschaftswachstum (BIP) in Deutschland beitragen würden. In den USA und im Vereinigten Königreich (UK) wird der Beitrag der Sozialwirtschaft sogar höher geschätzt als der der Baubranche. Die Sozialwirtschaft kann also keinesfalls als reiner Konsum mit kurzfristigem Nutzen betrachtet werden, sondern als eine Investition mit langfristigem wirtschaftlichen Wachstumseffekt.

Der Beitrag zum Wirtschaftswachstum wird in der Studie von de Henau und Kolleg*innen über die berechneten Beschäftigungseffekte ermittelt. Diese können in drei Kategorien untergliedert werden. Die unmittelbaren Beschäftigungseffekte sind die in den beiden Branchen entstehenden Jobs, beispielsweise Bauingenieur*innen und Sozialpädagog*innen. Mit indirekten Beschäftigungseffekten sind solche Effekte gemeint, die dank der Investition in einer Branche

---

[1] Für die Sozialwirtschaft wurden die folgenden Wirtschaftszweige der volkswirtschaftlichen Gesamtrechnung berücksichtigt: Q 87.1 Pflegeheime, 87.2 (Stationäre Einrichtungen zur psychosozialen Betreuung, Suchtbekämpfung u. Ä.), 87.3 (Altenheime; Alten- und Behindertenwohnheime), 87.9 Sonstige Heime (ohne Erholungs- und Ferienheime), 88.1 Soziale Betreuung älterer Menschen und Behinderter, 88.91 Tagesbetreuung von Kindern, 88.99 (Sonstiges Sozialwesen a. n. g.) (de Henau et al., 2016, S. 45).

neue Jobs in völlig anderen Branchen ermöglichen. Investitionen in der Sozialwirtschaft haben Beschäftigungseffekte in mehreren Servicebereichen, u. a. im Catering, in Reinigungs- und Transportbereichen. Die induzierten Beschäftigungseffekte bedeuten solche neue Jobs, die durch den erhöhten Konsum der Haushalte entstehen. Da die Haushalte durch die neuen Beschäftigungsmöglichkeiten ein höheres Einkommen zur Verfügung haben, stimulieren sie durch den Konsum auch andere Wirtschaftsbereiche. Alle Beschäftigungseffekte werden in Vollzeitäquivalenz (FTE) ermittelt.

Die Zahlen in der Tab. 5.1 bringen interessante geschlechterspezifische Unterschiede zum Vorschein. Nicht überraschend, begünstigen die meisten direkten Beschäftigungseffekte in der Baubranche Männer (87 %) und in der Sozialwirtschaft Frauen (75 %). Berechnungen gehen davon aus, dass die geschlechterspezifische Arbeitsteilung nicht behoben wird. Bei gleichen Voraussetzungen (Gehaltsstruktur und Arbeitsbedingungen) würden nur wenige Männer die Beschäftigungsmöglichkeiten in der Sozialwirtschaft nutzen (de Henau et al., 2016, S. 21).

Bei den indirekten Beschäftigungseffekten dagegen ist die Situation etwas unerwartet. Die Baubranche generiert in Deutschland zwar mehr indirekte Beschäftigungsmöglichkeiten als die Sozialwirtschaft. Neue Jobs entstehen aber weitgehend für Männer in anderen Branchen; beispielsweise in der Industrie, die der Baubranche Rohstoffe und Halbprodukte liefert. Die neuen Jobs in der Sozialwirtschaft scheinen dagegen in gleichem Maße für Männer und Frauen in anderen Branchen zu entstehen (de Henau et al., 2016, S. 22). Offensichtlich bedeuten Investitionen beispielsweise in Pflegeheime und deren Ausstattung gesteigerte Beschäftigungsmöglichkeiten auch in männerdominierten Bereichen wie z. B. in der Industrie, Transport oder Technik. Und schließlich können die

Tab. 5.1 Geschlechterspezifische Beschäftigungseffekte in %

	Baubranche		Sozialwirtschaft	
	Männer (%)	Frauen (%)	Männer (%)	Frauen (%)
Unmittelbare Beschäftigungseffekte (FTE)	87	13	25	75
Indirekte Beschäftigungseffekte (FTE)	67	33	50	50
Induzierte/weitergeleitete Beschäftigungseffekte (FTE)	49	51	49	51

Quelle: Eigene Darstellung basierend auf de Henau et al., 2016, S. 21–27

Haushalte Dank vergrößertem Einkommen mehr Geld ausgeben, was wiederum induzierte Beschäftigungseffekte in weiteren Wirtschaftszweigen kreiert. Bei diesen Effekten zeigen sich die Branchen gleichberechtigt (de Henau et al., 2016, S. 23–24). Insgesamt wirken die Beschäftigungseffekte in der Sozialwirtschaft gleichberechtigter als in der Baubranche – bei gleichem Wachstumseffekt.

Die Vorgehensweise von de Henau und Kolleg*innen kann den Ansätzen der Sorgeökonomie (Care Economics) zugeordnet werden. Ansätze der Sorgeökonomie beschäftigen sich „mit den bestehenden individuellen, organisationalen und strukturellen Gegebenheiten der Sorgearbeit und machen die Bedeutung der unbezahlten Sorgearbeit für jedes Wirtschaftssystem sichtbar und analysieren die Sorgearbeit auf den verschiedenen Ebenen" (Knobloch, 2022, S. 15). Somit handelt es sich dabei um Gleichheitsstrategien, die gleichberechtigte Investitionsbedingungen für die Sozialwirtschaft erschaffen wollen, oder auch um Differenzstrategien, die die besondere gesamtwirtschaftliche Bedeutung der Sozialwirtschaft sichtbar machen wollen.

5.2 Beschäftigung in der Sozialwirtschaft: Unbezahlte Arbeit unserer Töchter oder schlechtbezahlte Arbeit unbekannter Töchter?

Sowohl die Green-Growth-Ansätze als auch die meisten Gleichheits- und Differenzstrategien der Sorgeökonomie gehen von einer Beschäftigung aller Geschlechter aus. Diese sogenannte ‚allgemeine Erwerbstätigkeit' bedeutet, dass alle Vollzeit arbeiten und die Betreuungstätigkeiten vom Staat oder vom Markt übernommen werden. Auch die meisten staatlichen Gleichstellungsstrategien, die die Berufsstätigkeit von Frauen fördern sollen, basieren auf dem Modell der allgemeinen Erwerbstätigkeit. In Deutschland sollen beispielsweise durch einen Rechtsanspruch auf KiTa-Plätze oder durch die Einführung von Ganztagsschulen alle Eltern auf dem Arbeitsmarkt gleichberechtigt werden. Und das Europäische Institut für Gleichstellungsfragen (EIGE) plädiert dafür, mehr Frauen für den Arbeitsmarkt generell und MINT-Berufe im Besonderen zu motivieren. Gleichzeitig sollen Männer und Frauen die unbezahlte Sorgearbeit gerechter teilen (Europäisches Institut für Gleichstellungsfragen, 2017, S. 9). Diese neue Arbeitsteilung soll nicht nur für die gleiche Bezahlung und für die Schließung des Gender Pay Gaps sorgen, sondern auch neue Beschäftigungsmöglichkeiten im Sorgebereich schaffen: putzen, betreuen, gärtnern, Hunde ausführen (Das Europäische Institut für Gleichstellungsfragen, 2017, S. 47–48). Aber wer übernimmt diese neuen Service-Tätigkeiten, wenn alle in Vollzeit arbeiten und zunehmend in die MINT-Berufe wechseln?

5.2.1 Die unendliche Sorgeressource im Privaten und im Prekariat

Die allgemeine Erwerbstätigkeit sieht vor, dass die Vollzeitarbeit für alle Geschlechter zur Norm wird. Sie soll den Menschen ein finanziell unabhängiges Leben ermöglichen, indem (auch) Frauen *„befähigt werden, sich und ihre Familien durch ihren eigenen Verdienst zu ernähren"* (Fraser, 2016, S. 84). Während dieses Ziel nur befürwortet werden kann, präsentiert das Modell die Konsequenzen der Vollzeitarbeit sehr einseitig und überwiegend in einem positiven Licht. Denn die Entstehung von neuen Arbeitsplätzen im Sorgebereich wird mit wachsendem Unbehagen beobachtet. Beschäftigte klagen wegen unzureichender Ausbildungs- und Arbeitsbedingungen, schlechter Vergütung und geringer gesellschaftlicher Anerkennung (Roller, 2020, S. 408). Im Nonprofitsektor herrscht Fachkräftemangel, der teilweise mit dem Einsatz von Laien; z. B von Ungelernten, Angehörigen und Ehrenamtlichen kompensiert wird (Haubner, 2018, S. 268). Zu Recht überlegen sich die Fachkräfte, warum sie im Sorgebereich zu schlechten Bedingungen arbeiten sollten, wenn zu Hause auch Sorgetätigkeiten übernommen werden müssen. Gegen eine finanzielle Vergütung (z. B. das Pflegegeld) bleiben sie lieber zu Hause und kümmern sich um ihre Angehörigen. Es entsteht eine Sorgereserve im Privaten und im Prekariat.

5.2.2 Die internationale Sorgekette

Das deutsche Sozialsystem ist dadurch gekennzeichnet, dass der Großteil der Sorgeangebote zwar allen (bedürftigen) Bürger*innen zur Verfügung steht, dass der Umfang und die Auswahl an Angeboten jedoch in vielen Fällen davon abhängen, ob überhaupt eine Beschäftigung vorliegt oder wie lange in die Sozialversicherungen eingezahlt wurde. Wenn die Versicherungsleistungen nicht für eine Betreuung im gewünschten Umfang ausreichen, müssen sie aus privaten Mitteln aufgestockt werden.

Vollzeitbeschäftigte brauchen für ihre Angehörigen zumindest während ihrer Arbeitszeit Betreuung. Besonders problematisch wird die Situation für Vollzeitbeschäftigte, die Familienangehörige mit einem 24-h-Betreuungsbedarf haben.

Solcher Aufwand ist mit professionellen Fachkräften für die Familien finanziell nicht zu stemmen und mit Laien nicht zu verantworten. Weltweit beobachten Forscher*innen schon lange, wie migrantische Frauen Pflege- und andere Sorgeaufgaben sowohl in privaten Haushalten als auch in den öffentlichen und in den Nonprofit-Einrichtungen unter prekären Konditionen übernehmen (Fraser, 2016, S. 86; Bauhardt, 2013, S. 259; Duffy, 2011, S. 135). Durch die Migration entsteht in den Herkunftsländern in den Familien der migrierten Frauen ein Versorgungsdefizit, das sogenannte Care Drain, das eine Kettenreaktion auslöst: Die migrierten Frauen lagern ihre eigenen Sorgeverpflichtungen abermals aus (Bomert, 2019, S. 21).

Die so entstehende internationale Sorgekette ist problematisch aus mehreren Gründen. Zum einen ist die Beziehung zwischen den privaten Haushalten (Arbeitgeber*in) und der migrantischen Frauen (Arbeitnehmer*in) oft asymmetrisch. Zwar gelten die arbeitsrechtlichen Grundsätze auch für ausländische Beschäftigte in Deutschland. Diese werden jedoch insbesondere häufig in der 24–Stunden-Pflege weitestgehend ignoriert. Laut Christiane Bomert (2019, S. 29–30) ist in Deutschland ein Graumarkt entstanden, auf dem die migrierten Betreuungskräfte als entsendete Arbeitskräfte behandelt und nach einem ausländischen Tarif bezahlt werden, der deutlich niedriger liegt als der deutsche Mindestlohn. Außerdem sollen sie oft auch fachfremde Aufgaben in den Familien erledigen, wie z. B. Gartenpflege (Haubner, 2018, S. 278).

Aber auch die Arbeitsmigration unter hiesigen Konditionen und ohne einen Ausbeutungsverdacht ist problematisch, denn dadurch wird der Fachkräftemangel ins Ausland exportiert. Der Fachkräftemangel in unseren einheimischen Einrichtungen wird zwar gelöst, dafür fehlen aber pflegende und betreuende Fachkräfte und Angehörige in den Herkunftsländern der migrierten Frauen. In den reichen westlichen Ländern wird die Vollzeitbeschäftigung der einheimischen weiblichen Bürger*innen also durch den Import von migrantischen weiblichen Fachkräften ermöglicht.

Neben einheimischen Frauen bilden auch die migrantischen Frauen eine Reserve für den inländischen Bedarf an Betreuungskräften. Ohne eine geschlechterspezifische Reflexion der Arbeitsmarkt- und Gleichstellungsstrategien wird die verbesserte ökonomische Situation der einheimischen Frauen auf Kosten der migrantischen Frauen und ihrer Familien erreicht.

5.3 Ökologischer Nutzen: Mama fährt kein Auto und kocht alles selbst

Christine Bauhardt und Kolleg*innen bemängeln (2017, S. 18–19) dass nicht nur die Mainstream-Ökonomie, sondern auch die ökologischen und die Degrowth-Ansätze völlig blind sind gegenüber den Geschlechterverhältnissen. Bauhardt argumentiert, dass das Ziel der Green Growth, eine nachhaltige und ressourcenschonende wirtschaftliche Entwicklung mithilfe von grünen Technologien im Energie- und Bausektor zu erschaffen, die ‚Ökonomie' einseitig auf eine reine Industrie- und Technologiegesellschaft reduziert (Bauhardt et al., 2017, S. 19). Sie warnen, dass die finanzielle Förderung hauptsächlich an die männerdominierte Energiewirtschaft und Bauindustrie herangetragen wird, was die geschlechterspezifische Arbeitsteilung weiter verfestigen kann. Die frauendominierte Care-Ökonomie als nicht-technologischer Bereich bleibt dabei ausgegrenzt. Auch die Green-Care-Ansätze ignorieren also die ökonomische Bedeutung der sozialen Infrastruktur.

Ein weiterer Kritikpunkt bezieht sich auf die einseitige Betrachtung der sozialen Nachhaltigkeit. Zwar erkennen viele ökologische Ansätze die Verflechtung des Ökologischen mit dem Sozialen. Armin Schneider beispielsweise bemerkt, dass die Frage der sozialen Gerechtigkeit sehr eng mit der Frage der Umweltressourcen verknüpft ist. Diese Verknüpfung bezieht sich jedoch hauptsächlich auf die ungleich verteilten Folgen der Umweltschäden in der Bevölkerung: *„Menschen, die am untersten Rande der Gesellschaft stehen, verursachen die geringsten Umweltschäden, leiden aber gleichzeitig am meisten an den veränderten Umwelt- und Klimabedingungen"* (Schneider, 2018, S. 196). Sogar das sozioökonomische Modell von Wolf Rainer Wendt, das gezielt für die Soziale Arbeit konzipiert wurde, ignoriert die Geschlechterbeziehungen. Stattdessen wird im sozioökonomischen Modell der geschlechterblinde ‚Haushalt' als ein Entscheidungsort und -akteur dargestellt (Wendt, 2018, S. 10).

Und auch wenn im ‚Marktwirtschaft reparieren' von Richters und Siemoneit auf die negativen Beschäftigungseffekte hingewiesen wird, die die technologische Entwicklung mit sich bringt, liegt der Fokus hier auf der Kluft zwischen Arm und Reich, nicht auf der Geschlechtergerechtigkeit. Dabei haben auch die von Richters und Siemoneit (2019, S. 112) vorgeschlagene Mengenobergrenze für den Ressourcenverbrauch und bewusstes Konsumieren geschlechtsspezifische Auswirkungen, die aber nur selten berücksichtigt werden. Diese können beispielhaft durch Studien zum Verkehrsverhalten und zur Zeitverwendung verdeutlicht werden.

5.3.1 Beispiel Verkehrsverhalten

Die ökologischen Ansätze sehen die Reduzierung des Autofahrens und Benzinverbrauchs zugunsten von umweltfreundlicheren Transportmitteln vor. Dadurch können der Ressourcenverbrauch und das leistungslose Einkommen auf Kosten der Natur reduziert werden. Organisationen bieten ihren Mitarbeiter*innen Jobtickets und Möglichkeiten zum Fahrradleasing, um ihren Beitrag zum Umweltschutz zu leisten. Bei solchen Angeboten wird die Geschlechterperspektive meistens nicht berücksichtigt.

Mehrere Studien belegen jedoch, dass Menschen, die Sorgearbeit leisten, ein anderes Verkehrsverhalten haben als Menschen ohne Sorgeverpflichtungen. Die Unterschiede im Verkehrsverhalten hängen eng damit zusammen, ob die Menschen in einer Partnerschaft leben und ob sie Kinder haben (Wachter & Holz-Rau, 2022, S. 1758). Mit der Geburt von Kindern ändern vor allem die Mütter ihr Mobilitätsverhalten, während der Einfluss auf die Mobilität der Väter gering ist: Mit der Geburt des zweiten Kindes nimmt das Autofahren deutlich zu, das Fahrradfahren deutlich ab (Röhr et al., 2018, S. 51). Unterschiede sind auch bei gleichgeschlechtlichen Partnerschaften festgestellt worden, allerdings sind sie nicht so gravierend wie bei heterosexuellen Partner*innen (Wachter & Holz-Rau, 2022, S. 1758). Forschung zu den Unterschieden fehlt noch. Die bisherige Mobilitätsforschung zeigt jedoch, dass die Sorgetätigkeiten zu einem komplizierten Netz von Bewegungen führen, die in Abb. 5.1 dargestellt werden. Menschen, die Sorgearbeit leisten, legen häufiger Wegeketten statt einfacher Pendelstrecken zurück; sie bewegen sich zwischen Heim, Kindergarten, Spielplatz, Sportplatz der Kinder etc. (Netzwerk Women in Mobility, 2021, o. S.). Das Netzwerk Women in Mobility bemerkt außerdem, dass

1. wegen komplexer Wegeketten wählen Menschen, die Sorgearbeit leisten, eher Jobs im näheren Wohnumfeld, um die unbezahlte Arbeit erledigen zu können.
2. Außerdem nutzen sie weniger häufig neue Mobilitätsangebote wie Carsharing oder Ridepooling, aber auch Mikromobilitätsangebote wie E-Scootersharing. Diese sind für Menschen, die Sorgearbeit leisten (mit Kindern und Einkaufstätigkeiten) im Alltag einfach nicht praktikabel.
3. Viele Städte sind sternförmig geplant und aufgebaut. Die Verkehrsverbindungen führen von den Wohngebieten im Vorort zur Arbeitsstätte in der Innenstadt. Die Planung nützt den Berufspendler*innen, aber nicht Menschen, die Sorgearbeit leisten.

(Women in Mobility, 2021, o. S.).

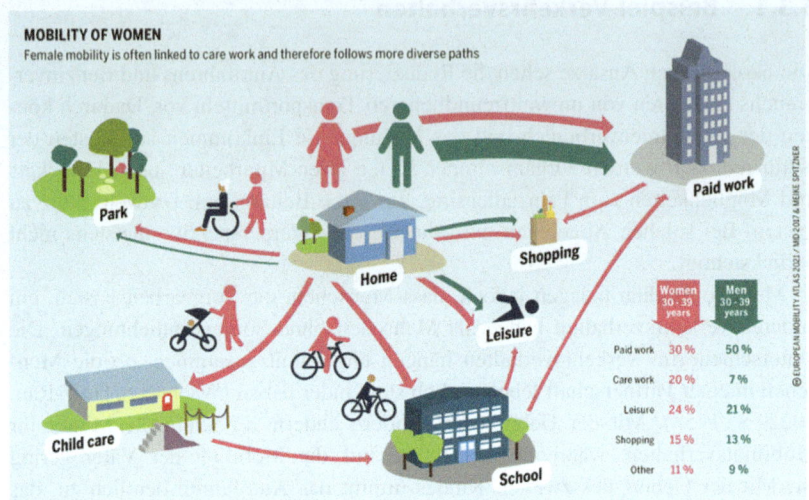

Abb. 5.1 Verkehrsverhalten von Frauen und Männern in der EU. (Quelle: Heinrich-Böll-Stiftung, 2021, Lizenz CC-BY-SA 4.0)

Solche genderreflektierten Mobilitätserkenntnisse werden nur selten in der öffentlichen Verkehrsplanung und in Tarifsystemen öffentlicher Verkehrsmitteln berücksichtigt (Röhr et al., 2018, S. 48). Die Städte sind weitestgehend für Autos gebaut. Fehlende Querverbindungen und ausgedünnte Fahrpläne außerhalb der Rushhours führen dazu, dass Einkaufen, Behördengänge oder Arztbesuche sich nur schwer gestalten lassen. Denn wenn Kinder vorhanden sind, wird auch die Fahrradmobilität unter den gegenwärtigen Verkehrsbedingungen schwieriger (Röhr et al., 2018, S. 51).

Ungünstige Verkehrsverbindungen hindern Kinder und Jugendliche, selbstständig in ihrer Freizeit zu fahren. Stattdessen müssen die Eltern (meistens die Mütter) sie zu Freund*innen und Hobbies fahren und abholen, was insbesondere bei Alleinerziehenden erhebliche Probleme bereitet. Frauen (mit Sorgeverpflichtungen) haben also komplexere Wegeketten als Männer (ohne Sorgeverpflichtungen), sind zeitlich aber nur unwesentlich kürzer unterwegs als Männer (Röhr et al., 2018, S. 48).

Organisationen der Sozialwirtschaft und ihr Sozialmanagement können bei der Standortplanung die Verkehrsverbindungen aus der Sicht der Menschen mit

Sorgeverpflichtungen und mit Teilzeitarbeit berücksichtigen, sodass ihre Beschäftigten und Klient*innen mit den öffentlichen Verkehrsmitteln auch außerhalb der Rushhours zu ihnen fahren und unterwegs noch einkaufen und Kinder zur KiTa bringen können. Die Organisationen können auch spezielle Arbeitszeitmodelle sowie Kinderbetreuung für ihre Beschäftigten mit Betreuungsverpflichtungen anbieten (Stepanek, 2022, S. 24). Auch können Standorte und Öffnungszeiten der Angebote für Kinder und Jugendliche so geplant werden, dass diese auch allein sicher Busse und Bahnen benutzen können.

Manchmal stehen die ökologischen, ökonomischen und sozialen Ziele allerdings im Widerspruch zueinander, etwa in Bezug auf die städtischen Sparmaßnahmen bei der Straßenbeleuchtung während der Energiekrise, was zu Unsicherheitsgefühl und Angst insbesondere bei Frauen, Kindern und Jugendlichen führen kann und somit letztendlich vermehrte Autofahrten nach sich zieht.

5.3.2 Beispiel zeitliche Ressourcen

Ähnlich wie die ökologischen Green-Growth-Theorien, betonen auch Degrowth-Theorien, dass Ressourcenersparnisse durch bewusstes Konsumieren möglich sind. Aber anders als die Green-Growth-Ansätze, wollen die Befürworter*innen der Degrowth-Theorien mit dem verringerten Konsum bewusst das Wirtschaftswachstum senken. Sie gehen davon aus, dass das Wirtschaftswachstum und das materielle Eigentum nicht notwendig für ein gutes Leben sind. Im Gegenteil, sie betrachten die stetige materielle Vermögensbildung sogar als schädlich für ein gutes Leben und international und global ungerecht (Petschow et al., 2018, S. 23). Denn das Wirtschaftswachstum bekämpfe nicht soziale Ungleichheiten, sondern fördere sie noch weiter. Dies geschehe durch die sozial konstruierte Knappheit von attraktiven Gütern und Positionen, und den Glauben an das Leistungsprinzip; dass die attraktiven Güter und Positionen durch die eigene Leistung erreichbar wären (Adler, 2017, S. 29). Der Glaube an das Leistungsprinzip verleitet dann die Menschen dazu, um den sozialen Aufstieg durch einen Güterkonsum zu wetteifern, der seinerseits Beschäftigungs- und Aufstiegsmöglichkeiten für andere kreiert. Die Überforderungserfahrungen generieren jedoch kompensatorische Bedarfe, die durch weiteren Konsum befriedigt werden (Adler, 2017, S. 29). Diese Entwicklung führt zur Erschöpfung der Menschen und verhindert ein „authentischeres und autonomeres gutes Leben für alle" (Adler, 2017, S. 29). Die Menschen haben einfach keine Zeit mehr, um ihr Leben und die Vielzahl an Konsumgütern genießen zu können.

Degrowth- und andere Postwachstumstheorien lehnen das BIP-Wachstum als prioritäres gesellschaftspolitisches Ziel ab. Problematisch dabei ist jedoch, die Funktionsfähigkeit von Gesundheitssektor, sozialem Sektor sowie Bildungssektor zu gewährleisten. Denn bei sinkendem BIP gerät auch die Finanzierung dieser Sektoren in Gefahr. In einer Postwachstumsgesellschaft soll die Wachstumslücke mit Nutzungsintensivierung durch Gemeinschaftsnutzung, Nutzungsverlängerung durch Reparaturen sowie durch Eigenproduktion mit Haus- und Gemeinschaftsgärten kompensiert werden (Paech, 2022, S. 199). Diese drei Maßnahmen sollen den Konsum und das Wirtschaftswachstum ersetzen. Migration dagegen wird nicht als eine nachhaltige Lösung betrachtet.

Um das Wohlergehen der Bevölkerung nicht zu verschlechtern, betonen die Vertreter*innen der Postwachstumstheorien die Selbstverantwortung der Menschen auch bei sozialen und gesundheitlichen Bedürfnissen: Die Bürger*innen sollen sich vermehrt umeinander kümmern. Eine Selbstverantwortung setzt vor allem vorhandene zeitliche Ressourcen voraus. Diese sind jedoch stark geschlechtlich verteilt, was nicht nur von Vertreter*innen der traditionellen ökonomischen Theorien, sondern häufig auch von den Postwachstumstheoretiker*innen übersehen wird. Denn erstens leisten auch vollzeitbeschäftigte Frauen immer noch den Großteil der Sorgearbeit sowohl in der bezahlten als auch der unbezahlten Form. Zweitens betont Bauhardt (2013, S. 20), dass überwiegend die Frauen die Konsumentscheidungen innerhalb der Haushalte um die sozialen und gesundheitlichen Dienstleistungen treffen, wie z. B. die Inanspruchnahme von Kindergarten- und Pflegeheimplätzen, ganz zu schweigen vom Lebensmittelkonsum.

Eine unreflektierte Forderung nach mehr Eigenverantwortung für Alter, Gesundheit und Bildung kann zu mehr unbezahlter Frauenarbeit in der sogenannten privaten Sphäre führen (Bauhardt, 2013, S. 20). Dies bedeutet, vermehrt selbst zu kochen, statt Fertigprodukte zu kaufen, und vermehrt selbst zu betreuen, statt Betreuungsplätze in Anspruch zu nehmen. Die Postwachstumstheorien befinden sich in der Gefahr, in die gleiche „Tischlein deck dich"-Falle zu tappen, wie die traditionellen ökonomischen Theorien: Der (die) berühmte Jemand zu Hause übernimmt die entstehende Mehrarbeit.

5.4 Transformativ-feministische Ansätze

Neuere feministische Ansätze bewegen sich nicht im Rahmen der Sorgeökonomie (Care Economics), sondern zählen zu den Ansätzen des vorsorgenden Wirtschaftens (Caring Economy). Anstelle von Gleichheits- und Differenzstrategien basieren sie auf Transformationsstrategien und verlangen nicht weniger als eine völlige Neuorientierung im ökonomischen Denken. Im Fokus des Wirtschaftssystems sollen Sorge und Versorgung sowie Ökologie und Klima stehen (Knobloch, 2019, S. 298). Gleichzeitig sollen Herrschaftsverhältnisse und insbesondere die geschlechterspezifischen Grenzen und Kategorien abgebaut werden. Feministische Ansätze erweitern das Drei-Säulen-Modell der Nachhaltigkeit um die strukturelle Geschlechtergerechtigkeit.

5.4.1 Caring Economy

Feministisch-transformative Ansätze haben vieles gemeinsam mit den anderen Nachhaltigkeitsansätzen. Ähnlich wie die Green Growth betrachten sie die Umwelt als Teil des ökonomischen Systems, das nur begrenzt ausgeschöpft werden soll. Genau wie die Degrowth- und die anderen Postwachstumsansätze lehnen sie die Auffassung des steigenden materiellen Konsums als wichtigsten Faktor eines guten Lebens strikt ab. Und mit den Ansätzen der Care Economy verbindet sie das Ziel, die Sorgearbeit sichtbar und gleichwertig mit der Produktionsarbeit zu machen. Der Unterschied zu den anderen Ansätzen liegt darin, dass die feministisch-transformativen Ansätze alle diese Aspekte gleichzeitig berücksichtigen und alle geschlechterspezifischen Kategorien abbauen wollen.

Das Ziel der transformativen Ansätze ist, eine Wirtschaftsweise zu entwickeln, die ein gutes Leben für alle Geschlechter ermöglicht. Dabei soll die Wirtschaft als Teil des Sozialen verstanden werden, weshalb die aktive Formulierung im Tun liegt: *vorsorgendes* Wirtschaften, Caring Economy. Ein Instrument, um die Wirtschafts- und Sozialbereiche zusammenzubringen, ist, die bezahlte und die unbezahlte Sorgearbeit gemeinsam und in gegenseitiger Abhängigkeit zu betrachten. Elisabeth Stiefel (2019, S. 138) beispielsweise bemerkt, dass zwischen diesen beiden Tätigkeiten Synergien bestehen können, die sich auf *„das Wohlergehen lebendiger Menschen in ihren konkreten Lebensumständen"* auswirken. Mögliche Synergien und andere Wechselwirkungen müssten laut Stiefel genauer untersucht werden, um nachhaltig geschlechtergerechte Beschäftigungsmodelle entwickeln zu können. Wenn die bezahlte und die unbezahlte Arbeit – der private und der öffentliche Bereich – als miteinander verknüpft verstanden werden, sind die individuellen Entscheidungen eines Haushalts verknüpft mit den Entscheidungen anderer Haushalte: Ob Mütter arbeiten gehen können, hängt davon ab, ob es genug professionelle Erzieher*innen (meistens andere Mütter und Frauen) gibt, die ihre Kinder betreuen wollen. Die professionellen Erzieher*innen wiederum sind nur in der Lage, fremde Kinder zu betreuen, wenn die Gesellschaft (andere Eltern sowie Bürger*innen ohne Kinder) bereit ist, eine Arbeit zu subventionieren, die auch im Privaten (sogar unentgeltlich) verrichtet werden könnte. Somit muss auch der ‚Haushalt' als autonome Handlungs- und Entscheidungseinheit abgelehnt werden.

Die Verknüpfung des privaten und des öffentlichen Bereichs bedeutet außerdem eine Ablehnung des Modells der allgemeinen Erwerbstätigkeit als gesellschaftliche Norm für Chancengleichheit oder Gerechtigkeit. Für die feministische Ökonomie ist die Neudefinierung der Arbeit von grundlegender Bedeutung, wodurch sowohl geschlechtsspezifische Zuweisungen als auch geschlechtsgebundene Bewertungen von Arbeit überwunden werden sollen (Biesecker et al., 2012, S. 18). Während das Modell der allgemeinen Erwerbstätigkeit nämlich die gesellschaftliche Position von (meist weiblichen) Beschäftigten in Richtung der (männlichen) Ernährer*innenrolle verschiebt, wird von den (meist männlichen) Ernährer*innen dagegen nicht verlangt, sich zu verändern (Fraser, 2016, S. 99). Auch bleiben einige grundlegende Unterschiede zwischen den verschiedenen Menschengruppen ignoriert: dass einige Menschen nicht (Vollzeit) arbeiten können oder wollen (Fraser, 2016, S. 87). Das gleichberechtigungspolitische Ziel des allgemeinen Erwerbstätigkeitsmodells ermöglicht Menschen, die Vollzeit arbeiten können und wollen, ein gutes Leben zu führen. Menschen dagegen, die unbezahlt und bezahlt Sorgearbeit leisten, sowie Menschen, die Sorgeleistungen in Anspruch nehmen, sollen ihr Leben nach den Präferenzen von anderen führen. Solche Herrschaftshierarchien sollen in einer vorsorgenden Ökonomie berücksichtigt und abgebaut werden, um allen ein gutes Leben zu ermöglichen.

5.4.2 Das Vier-in-einem-Modell von Frigga Haug

Eine sehr häufig genannte feministische Alternative zum Modell der allgemeinen Erwerbstätigkeit ist das 4–1-Modell von Frigga Haug (2013, S. 33–34). Das Modell unterteilt das menschliche Leben in vier Bereiche: Erwerbsarbeit, Reproduktionsarbeit, individuelle Entwicklung und das gesellschaftliche (politische) Engagement. Die jeweils zur Verfügung stehende Zeit wird paritätisch geteilt, sodass nach dem Abzug von 8 h Schlaf jeder Bereich ein Viertel aus den übrig gebliebenen 16 h erhält. Auch für die Erwerbsarbeit stehen somit 4 h täglich zur

Verfügung, was praktisch einer Teilzeittätigkeit nach unserem jetzigen Verständnis entspricht. Aus der Geschlechterperspektive wird ein solches Zeitregime als gerecht empfunden, da es alle Aufgaben und Möglichkeiten gleichmäßig an alle Menschen verteilt und dadurch die jetzige geschlechterspezifische Arbeitsteilung bekämpft.

Die Herausforderung bei der Einführung des Modells ist die Verknüpfung der einzelnen Bereiche miteinander, die völlig neue politische Strategien und Instrumente voraussetzt (Haug, 2013, S. 34). Erstens müsste das im Moment noch stark weiblich konnotierte Teilzeitmodell für alle eingeführt und die Erwerbstätigkeit generell von ihrem Podest heruntergeholt werden. Die Erwerbsarbeit müsste also gleichwertig mit den anderen drei Bereichen eingestuft werden. Zweitens müssten alle Reproduktionstätigkeiten finanziell entlohnt werden. In ihrem ähnlichen Modell der universellen Betreuungsarbeit schlägt Nancy Fraser (Fraser, 2016, S. 101) eine staatliche finanzielle Unterstützung für die Reproduktionsarbeit ('informelle Betreuungsarbeit') mit Integration in ein einheitliches Sozialsystem vor. Aus Zeiten der Sorgetätigkeiten sollten keine finanziellen Nachteile im Alter folgen. Notwendig wäre die Einführung eines persönlichen Rechts auf Zeit für Care-Aufgaben, das mit einem Lohnersatzanspruch und sozialer Sicherung verbunden ist (Stiefel, 2019, S. 139). Auch Zeitgutschriftensysteme wären denkbar, wo Bürger*innen freiwillig Betreuungsarbeit leisten und dafür Zeitgutschriften erhalten, die sie zu einem späteren Zeitpunkt gegen ähnliche Leistungen eintauschen können (Petschow et al., 2018, S. 139). Hier entsteht auch die Möglichkeit, die Grenze zwischen den Care-Gebenden und Care-Nehmenden zu verwischen. Denn viele der Engagierten, auch innerhalb der Caring Economy selbst, sehen sich selbst in der helfenden und nicht in der Hilfe empfangenden Rolle (Schürch & van Holten, 2022, S. 284).

5.4.3 Instrumente auf lokaler Ebene: Gender Budgeting und Gender Impact Investing

Die Ansätze der Caring Economy mögen uns utopisch erscheinen. Auf der gesellschaftlichen Ebene erfahren sie tatsächlich noch keine breite Unterstützung. Es existieren aber mehrere lokale Projekte sowohl im öffentlichen als auch im privaten Sektor, in denen konkrete Instrumente wie Gender Budgeting, lebensphasenorientierte Personalplanung und Gender Smart Impact Investing eingesetzt werden, um die geschlechterspezifische Arbeitsteilung und Ungerechtigkeiten zu transformieren.

Gender Budgeting

In einigen deutschen Ländern und Kommunen wird der öffentliche Haushalt mithilfe von Gender Budgeting analysiert und geplant. Gender Budgeting ist ein Instrument, das zeigt, wofür bisher öffentliche Gelder ausgegeben wurden, und das eine Änderung der Ressourcenverteilung ermöglicht (Rudolf, 2017, S. 7). Insbesondere in Zeiten des Einspardrucks im öffentlichen Sektor steigt das Risiko, Einsparungen genderblind durchzuführen. Denn ohne eine gendersensible Analyse bleiben viele geschlechterspezifische strukturelle Benachteiligungen in der Haushaltsplanung unerkannt. Besonders wichtig wäre zu analysieren, in welcher Weise in den Haushalten geleistete Arbeit sich verändert, wenn staatliche Dienstleistungsangebote ausgedehnt oder verringert werden (Friedrich-Ebert-Stiftung, 2007, S. 42). Friedel Schreyögg (2014, S. 33) betont, dass der Care-Sektor dabei von besonderer Bedeutung ist, *„weil Ausgabenkürzungen und mangelnde Unterstützungsangebote in diesem Bereich in doppelter Hinsicht (als Subjekt und Objekt von Pflege) zu Lasten von Frauen gehen"*. Schreyögg (2014, S. 29) bemerkt weiter, dass es beim Gender Budgeting jedoch nicht nur um die quantitative Verteilung der Ressourcen geht, sondern auch um deren inhaltliche Ausrichtung: *„Frauen bringt der gleiche Zugang zu einem öffentlichen Angebot wenig, wenn dieses nicht ihren Bedürfnissen entspricht"*. Zusätzliche Kindergartenplätze nützen den Eltern wenig, wenn die Öffnungszeiten mit den Arbeitszeiten oder die Verkehrsverbindungen dorthin nicht mitgedacht werden.

Die Stadt Freiburg (Stadt Freiburg im Breisgau, o. J.) erwähnt Kinderbetreuung, Sport und Verkehrswesen als konkrete Beispiele, die sie in der Haushaltsplanung aus der Geschlechterperspektive berücksichtigt:

> Werden die Mittel für die **Kinderbetreuung** gekürzt, steigt der Anteil unbezahlter Arbeit bei Frauen. Dies führt nicht nur zu Abhängigkeiten und Ungleichheiten, sondern hat angesichts des demografischen Wandels Auswirkungen auf die Wirtschaftskraft.

> Der **Sportentwicklungsplan** zeigt: 11 % mehr Frauen als Männer nutzen die Bäder (2004). Werden die Mittel für die Bäder gekürzt, sind Frauen stärker betroffen als Männer. Insgesamt betrachtet stellt sich folgende Fragen: Wer nutzt die Angebote der Sportvereine? Welcher Altersgruppe gehören die Nutzenden an? Kommen sie mit Kindern oder ohne? Dient Sportförderung der Integration unterschiedlicher Kulturen in die Mehrheitsgesellschaft?

> Untersuchungen anhand des **Verkehrsentwicklungsplans** Freiburg zeigen, dass Kinder, Jugendliche, Frauen und Senior*innen den ÖPNV überdurchschnittlich nutzen. Wenn hier Mittel abgebaut werden, wird deren Mobilität eingeschränkt.

Oft wird Gender Budgeting zwar noch innerhalb der binären Geschlechterkategorien Mann/Frau durchgeführt, was aber keineswegs sein soll. Die einzelnen Haushaltstitel können nach unmittelbar oder verdeckt geschlechtsspezifisch kategorisiert werden, ohne dabei die Geschlechtervielfalt zu vergessen. Als unmittelbar geschlechtsspezifisch relevante gelten außer Frauen- und Mädchenförderung und Gewalt gegen Frauen (Schreyögg, 2014) nämlich Schutz- und Förderungsmaßnahmen auch für die LGBTQ*-Community sowie Männer- und Jungenförderung. Ebenso gehören zu den verdeckt geschlechtsspezifisch relevanten Titeln wie Altenpflege oder Maßnahmen für Jugendliche (Schreyögg, 2014) auch die Altenpflege und Jugendhilfe für die LGBTQ*-Community.

Gender-smart Impact Investing
Nicht nur in der Leistungserstellung, auch in der Finanzierung der Sozialwirtschaft wird eine steigende Anzahl an privaten Initiativen beobachtet. In diesem Zusammenhang ist die Rede von Impact Investing. Es handelt sich um private Investor*innen, wie zum Beispiel um gemeinnützige Stiftungen oder profitorientierte Einzelpersonen oder Unternehmen, die Sozialunternehmen Geld zur Verfügung stellen, um eine bestimmte Wirkung mit einer bestimmten Leistung zu erzielen.

Geschlechterspezifisches Impact Investing (auch: Gender Lense Investing) bedeutet dabei zwar eine zielgerichtete Produkt- oder Leistungserstellung oder auch eine Maßnahme zur Organisationsentwicklung spezifisch für die Bedarfe von Mädchen und Frauen. Das Ziel ist jedoch nicht, aus ihnen eine neue Zielgruppe zu formieren oder die bestehenden Produkte und Leistungen als ‚pink' zu vermarkten. Gender-smart Impact Investing bedeutet nämlich, dass anstatt *für* Mädchen und Frauen Produkte und Leistungen *mit* ihnen kreiert werden (Kaplan & Van der Brug, 2014, o. S.). Es wird erwartet, dass solche geschlechtersensitiven Koproduktionen eine deutlich positive Wirkung auf das Leben der Teilnehmenden haben und somit einen Beitrag zur Geschlechtergerechtigkeit leisten.

Obwohl Gender Impact Investing die Finanzierung als ein Instrument für gesellschaftliche Transformation zugunsten von Geschlechtergerechtigkeit einsetzt, sind finanzielle Verbesserungen in der Gesellschaft für die Investor*innen das endgültige Ziel. Sie wollen wissen, in welchem Maße diese der (zumindest regionalen) Allgemeinheit zugutekommen und ob ihre Investition insofern gelungen war. Meistens müssen die Wirkungen deswegen quantifiziert werden. Es kann beispielsweise ermittelt werden, wie viele neue Arbeitsplätze für Menschen des benachteiligten Geschlechts erschaffen wurden, in welcher Höhe Ausgaben an Arbeitslosengeld in der Gemeinde gespart wurden oder wie viele frauengeführte

Unternehmen gegründet wurden. Der finanzielle Einsatz an das (meist weibliche) Geschlecht wird also bewertet.

Die Quantifizierung von sozialen Wirkungen ist jedoch unter den Sozialarbeitenden eine umstrittene Methode. Erstens treffen die Wirkungen oft verzögert ein, die Investor*innen erwarten jedoch schnelle Ergebnisse. Zweitens ist die Umwandlung von sozialer Gerechtigkeit in eine standardisierte quantitative Form äußerst schwierig und ethisch fragwürdig. Die gleiche Problematik betrifft auch die Quantifizierung von geschlechterspezifischen Wirkungen. Kelly Northridge (2019, S. 12) hat drei unterschiedliche Strategien beobachtet, die die Investor*innen benutzen, um die Skeptiker*innen von Gender Impact Investing zu überzeugen: Sie zählen die einzelnen feststellbaren Wirkungen wie z. B. die Unternehmensgründungen durch Frauen oder sie berechnen die Leistung von Unternehmen/Projekten mit Gender Lense Investing im Vergleich zum Marktdurchschnitt *(alpha return)* oder sie überzeugen die Unternehmen mittels Forschung und Möglichkeiten zur systemischen Transformation. Während die zwei ersten Strategien eher mit Vorteilen innerhalb der existierenden Rahmenbedingungen für Finanzierung argumentieren (Kostenersparnisse oder überdurchschnittliche Leistungen), zielt die letzte Strategie auf die systemische Transformation des Finanzierungssystems selbst ab. Sie entwickelt neue Finanzierungsinstrumente und argumentiert mit unerkanntem Wertzuwachs durch Geschlechtergerechtigkeit (Northridge, 2019, S. 115–116).

Mittlerweile gibt es mehrere institutionalisierte Formen von Gender-smart Impact Investing, beispielsweise die der Kreditanstalt für Wiederaufbau (KfW) und der Europäischen Investitionsbank (EIB).

Literaturempfehlungen zur Vertiefung
Schreyögg, F. (2014). Gender Budgeting in der Sozialen Arbeit. *Sozial Extra, 38,*(3), 29–33. https://doi.org/10.1007/s12054-014-0062-5.

Stiefel, E. (2019). Arbeit im Brennglas von Haushalt und Familie. In U. Knobloch (Hrsg.), *Arbeitsgesellschaft im Wandel. Ökonomie des Versorgens: Feministisch-kritische Wirtschaftstheorien im deutschsprachigen Raum* (S. 126–142). Juventa.

Fragen zur Übung und Kontrolle des Lernerfolgs:

1. Welche Tätigkeiten erledigen Sie regelmäßig, die im BIP nicht erfasst werden?
2. Wie hoch wäre der geschätzte monetäre Wert Ihrer Tätigkeiten, die Sie in einem Jahr, zehn Jahre lang, ausüben?
3. Wie sieht Ihr normaler Tag und der Tag Ihrer Familienmitglieder aus?
4. Wie würde Ihr Tag aussehen, kategorisiert nach dem 4-1-Modell von Frigga Haug?

Literatur

Adler, F. (2017). Postwachstumspolitiken – Wege, die Landschaften verändern. In U. Schachtschneider & F. Adler (Hrsg.), *Postwachstumspolitiken: Wege zur wachstumsunabhängigen Gesellschaft* (S. 25–38). Oekom.

Ahmad, Shamraiz, Wong, Kuan Yew, Butt, Shahid Ikramullah (2022). Status of sustainable manufacturing practices: literature review and trends of triple bottom-line-based sustainability assessment methodologies. Environmental Science and Pollution Research https://doi.org/10.1007/s11356-022-22172-z.

Batz, Michael (2021). Nachhaltigkeit in der Sozialwirtschaft. Basiswissen Sozialwirtschaft und Sozialmanagement, Springer. https://doi.org/10.1007/978-3-658-32558-9_1.

Bauhardt, C. (2013). Wege aus der Krise? Green New Deal – Postwachstumsgesellschaft – Solidarische Ökonomie: Alternativen zur Wachstumsökonomie aus feministischer Sicht. *GENDER – Zeitschrift Für Geschlecht, Kultur und Gesellschaft*, 5(2), 9–26.

Bauhardt, Christine; Caglar, Gülay; Riegraf, Birgit. (2017). Ökonomie jenseits des Wachstums – feministische Perspektiven auf die (Post)Wachstumsgesellschaft. Feministische Studien, 35(2), 187-195. https://doi.org/10.1515/fs-2017-0056.

Biesecker, A., Wichterich, C., & Winterfeld, U. (2012). Feministische Perspektiven zum Themenbereich Wachstum, Wohlstand, Lebensqualität. *Hintergrundpapier für die Enquete-Kommission Wachstum, Wohlstand, Lebensqualität des Deutschen Bundestages*. https://www.rosalux.de/publikation/id/6177/feministische-perspektiven-zum-themenbereich-wachstum-wohlstand-lebensqualitaet. Letzter Zugriff 5.10.2023.

Bomert, C. (2019). *Transnationale Care-Arbeiterinnen in der 24-Stunden-Betreuung*. Springer Fachmedien.

Duffy, M. (2011). *Making care count: A century of gender, race, and paid care work*. Rutgers University Press. https://www.degruyter.com/isbn/9780813550770 https://doi.org/10.36019/9780813550770.

Elkington, John. (1999); Cannibals with Forks : The Triple Bottom Line of 21st Century Business.

Europeän Institute for Gender Equality EIGE (2017). Economic Benefits of Gender Equality in the EU. https://eige.europa.eu/sites/default/files/documents/mh0217174enn_web.pdfLetzter Zugriff 4.10.2023.

Fraser, N. (2016).*Die halbierte Gerechtigkeit: Schlüsselbegriffe des postindustriellen Sozialstaats* (3. Aufl., deutsche Erstausgabe). Suhrkamp.

Friedrich-Ebert-Stiftung. (2007). *Gender Budgeting: Neue Perspektiven für die Gleichstellungspolitik*. Forum Politik und Gesellschaft. https://library.fes.de/pdf-files/do/04423.pdf.

Haubner, T. (2018). Dienstboten der Nation: Ausbeutung informeller Laienpflege und die Revitalisierung eines totgeglaubten Klassikers. *Österreichische Zeitschrift für Soziologie, 43*(3), 267–282. https://doi.org/10.1007/s11614-018-0313-y.

Haug, F. (2013). Zeit, Wohlstand und Arbeit neu definieren. In Konzeptwerk Neue Ökonomie e. V. (Hrsg.), *Zeitwohlstand: Wie wir anders arbeiten, nachhaltig wirtschaften und besser leben* (S. 26–57). Oekom.

Heinrich-Böll-Stiftung. (2021). *EUMA2021, women on the move: Sustainable mobility and gender.* Lizenz CC-BY-SA 4.0. https://eu.boell.org/en/women-on-the-move-sustainable-mobility-and-gender. Letzter Zugriff 5.10.2023.

Henau, Jerome de; Himmelweit, Susan; Łapniewska, Zofia; Perrons, Diane (2016). Investing in the Care Economy - A Gender Analysis of employment stimulus in seven OECD countries. International Trade Union Confederation.

International Monetary Fund IMF. (2022a). *The 20 countries with the largest gross domestic product (GDP) in 2021.* World Economic Outlook Database October 2021. Statista. https://www-statista-com.pxz.iubh.de:8443/statistics/268173/countries-with-the-largest-gross-domestic-product-gdp/.

International Monetary Fund IMF. (2022b). *Germany: Gross domestic product (GDP) per capita in current prices from 1987 to 2027.* Statista. https://www-statista-com.pxz.iubh.de:8443/statistics/295465/germany-gross-domestic-product-per-capita-in-current-prices/.

Kaplan, S., & Van der Brug, J. (2014). The rise of gender capitalism. *Stanford Social Innovation Review.* https://doi.org/10.48558/BVFT-E655.

Knobloch, U. (Hrsg.). (2019). *Arbeitsgesellschaft im Wandel. Ökonomie des Versorgens: Feministisch-kritische Wirtschaftstheorien im deutschsprachigen Raum.* Juventa.

Netzwerk Women in Mobility (2021). Female Mobility. https://www.womeninmobility.org/femalemobilityLetzter Zugriff 4.10.2023.

Northridge, N. (2019). *Valued: A participatory ethnography of the Gender lens investing movement.* PhD Thesis, University of Oxford.

Paech, N. (2022). Postwachstumsökonomie. In C. Meyer (Hrsg.), *Neue Ökologie. „Transforming our World" – Zukunftsdiskurse zur Umsetzung der UN-Agenda 2030, 7,* 195–202). Transcript. https://doi.org/10.14361/9783839455579-013.

Petschow, U., Lange, S., Hofmann, D., Pissarkoi, E., aus dem Moore, N., Korfhage, T., Schoofs, A., & Ott, H. (2018). *Gesellschaftliches Wohlergehen innerhalb planetarer Grenzen: Der Ansatz einer vorsorgeorientierten Postwachstumsposition. Institut für ökologische Wirtschaftsforschung* (IÖW). Umweltbundesamt. https://www.umweltbundesamt.de/publikationen/vorsorgeorientierte-postwachstumsposition.

Richters, O., & Siemoneit, A. (2019). *Marktwirtschaft reparieren: Entwurf einer freiheitlichen, gerechten und nachhaltigen Utopie.* Oekom, Gesellschaft für ökologische Kommunikation.

Röhr, U., Alber, G., & Göldner, L. (2018). *Gendergerechtigkeit als Beitrag zu einer erfolgreichen Klimapolitik: Forschungsreview, Analyse internationaler Vereinbarungen, Portfolioanalyse.* Umweltbundesamt. https://www.umweltbundesamt.de/publikationen/gendergerechtigkeit-als-beitrag-zu-einer.

Roller, K. (2020). Industrielle Beziehungen und Sorgearbeit. Industrielle Beziehungen. *Zeitschrift für Arbeit, Organisation und Management, 26*(4–2019), 407–424. https://doi.org/10.3224/indbez.v26i4.04.

Rudolf, C. (2017). Gender Budgeting in deutschen Bundesländern. *Springer Fachmedien.* https://doi.org/10.1007/978-3-658-15933-7.

Schneider, Armin (2017). Nachhaltigkeit als Herausforderung und Zielsetzung des Managements sozialer Unternehmen. In Grillitsch, Waltraud (Hrsg). Gegenwart und Zukunft des Sozialmanagements und der Sozialwirtschaft : aktuelle Herausforderungen, strategische Ansätze und fachliche Perspektiven. 1. Aufl. Wiesbaden: Springer VS 2017 S. 195-210.

Schneider, Armin (2018). Nachhaltigkeit als Herausforderung und Zielsetzung des Managements sozialer Unternehmen in Waltraud Grillitsch, Paul Brandl & Stephanie Schuller (Hrsg.). Gegenwart und Zukunft des Sozialmanagements und der Sozialwirtschaft (2. Aufl.) (195-210) Springer.

Schreyögg, F. (2014). Gender Budgeting in der Sozialen Arbeit. *Sozial Extra, 38*(3), 29–33. https://doi.org/10.1007/s12054-014-0062-5.

Schürch, A., & van Holten, K. (2022). Sorgende Gemeinschaft als Beitrag zur Bewältigung der Sorgekrise: Ein Wolf im Schafspelz? In U. Knobloch, H. Theobald, C. Dengler, A.-C. Kleinert, C. Gnadt, & H. Lehner (Hrsg.), *Arbeitsgesellschaft im Wandel. Caring Societies – Sorgende Gesellschaften: Neue Abhängigkeiten oder mehr Gerechtigkeit?* (S. 264–293). Juventa.

Stadt Freiburg im Breisgau. (o. J.). *Gender Budgeting: Gleichstellungsorientierte Haushaltssteuerung in Freiburg.* https://www.freiburg.de/pb/205980.html?fontZoom=. Letzter Zugriff 4.10.2023.

Stepanek, P. (2022). *Sozialwirtschaft nachhaltig managen – Eine Einführung.* Springer. https://doi.org/10.1007/978-3-658-37506-5.

Stiefel, E. (2019). Arbeit im Brennglas von Haushalt und Familie. In U. Knobloch (Hrsg.), *Arbeitsgesellschaft im Wandel. Ökonomie des Versorgens: Feministisch-kritische Wirtschaftstheorien im deutschsprachigen Raum* (S. 126–142). Juventa.

Stiglitz, J. E. (1997). *Economics: Second edition.* Norton.

Wachter, I., & Holz-Rau, C. (2022). Gender differences in work-related high mobility differentiated by partnership and parenthood status. *Transportation, 49*(6), 1737–1764. https://doi.org/10.1007/s11116-021-10226-z.

Wendt, W. (2018). *Wirtlich handeln in Sozialer Arbeit.* Budrich.

Literatur

Acker, J. (2006). Inequality regimes: Gender, class, and race in organizations. *Gender & Society, 20*(4), 441–464. https://doi.org/10.1177/0891243206289499.
Acker, J. (2012). Gendered organizations and intersectionality: Problems and possibilities. *Equality, Diversity and Inclusion: An International Journal, 31*(3), 214–224. https://doi.org/10.1108/02610151211209072.
Adkins, L. (2004). Reflexivity: Freedom or habit of gender? *The Sociological Review, 52*(2_suppl), 191–210. https://doi.org/10.1111/j.1467-954X.2005.00531.x.
Adler, F. (2017). Postwachstumspolitiken – Wege, die Landschaften verändern. In U. Schachtschneider & F. Adler (Hrsg.), *Postwachstumspolitiken: Wege zur wachstumsunabhängigen Gesellschaft* (S. 25–38). Oekom.
Adlung, S., & Backes, A. (2021). (Un)Sichtbarkeiten alternder Körper in Wissenschaft und Medien: Eine Analyse der intersektionalen Verflechtungen von Alter, Geschlecht und BeHinderung. *Medien & Altern Zeitschrift für Forschung und Praxis, 18*, 76–87.
Anslinger, E. (2008). *Junge Mütter im dualen System der Berufsbildung. Potenziale und Hindernisse*. W. Bertelsmann.
AWO Arbeiterwohlfahrt. (2022). *Für eine inklusive und queer-sensible Gesellschaft*. https://awo.de/fuer-eine-inklusive-und-queer-sensible-gesellschaft. letzter Zugriff 5.10.2023.
Bäcker, G., Naegele, G., & Bispinck, R. (2020). *Sozialpolitik und die soziale Lage in Deutschland* (6. Aufl.). Springer.
Bakshi-Hamm, P. (2008). Wissenschaftlerinnen mit Migrationshintergrund und ihre Erfahrungen an deutschen Universitäten. In I. Lind & H. Löther (Hrsg.), *Wissenschaftlerinnen mit Migrationshintergrund* (S. 61–75). GESIS – Leibniz-Institut für Sozialwissenschaften Kompetenzzentrum.
Bauhardt, C. (2013). Wege aus der Krise? Green New Deal – Postwachstumsgesellschaft – Solidarische Ökonomie: Alternativen zur Wachstumsökonomie aus feministischer Sicht. *GENDER – Zeitschrift Für Geschlecht, Kultur und Gesellschaft, 5*(2), 9–26.
Bauhardt, C. (2019). Feministische Ökonomiekritik: Arbeit, Zeit und Geld aus einer materialistischen Geschlechterperspektive. In B. Kortendiek, B. Riegraf, & K. Sabisch (Hrsg.), *Handbuch Interdisziplinäre Geschlechterforschung* (Aufl. 65, S. 253–261). Springer Fachmedien. https://doi.org/10.1007/978-3-658-12496-0_23.
Becker, G. (1993). *A tretis on the family* (3. Aufl.). Harvard University Press.

Bestmann, S. (2020). Personal- und Organisationsentwicklung als Grundbedingung zur Umsetzung des Fachkonzeptes Sozialraumorientierung. In U. Wössner (Hrsg.), *Sozialraumorientierung als Fachkonzept Sozialer Arbeit und Steuerungskonzept von Sozialunternehmen* (S. 89–108). Springer Fachmedien. https://doi.org/10.1007/978-3-658-210 38-0_5.

Biesecker, A., Wichterich, C., & Winterfeld, U. (2012). *Feministische Perspektiven zum Themenbereich Wachstum, Wohlstand, Lebensqualität. Hintergrundpapier für die Enquete-Kommission Wachstum, Wohlstand, Lebensqualität des Deutschen Bundestages.* https://www.rosalux.de/publikation/id/6177/feministische-perspektiven-zum-themenber eich-wachstum-wohlstand-lebensqualitaet. letzter Zugriff 5.10.2023.

Böckenhoff, A. (2016). Die europäische Debatte um soziale Innovation: Chancen und Risiken für die Sozialwirtschaft. *Sozialer Fortschritt, 65*(1–2), 24–31. https://doi.org/10.3790/sfo.65.1-2.24.

Bomert, C. (2019). *Transnationale Care-Arbeiterinnen in der 24-Stunden-Betreuung.* Springer Fachmedien.

Booth, S. (2021). Mehr Männer in soziale Berufe? Genderkonstruktionen im Diskurs der kirchlichen Wohlfahrtsverbände. *Soziale Passagen, 13*(1), 75–93. https://doi.org/10.1007/s12592-021-00374-5.

Bourdieu, P. (1975). The specificity of the scientific field and the social conditions of the progress of reason. *Social Science Information, 14*(6), 19–47. https://doi.org/10.1177/053 901847501400602.

Bundesagentur für Arbeit. (2021a). *Statistik der Bundesagentur für Arbeit Berichte: Blickpunkt Arbeitsmarkt – Die Arbeitsmarktsituation von Frauen und Männern 2020.* https://statistik.arbeitsagentur.de/DE/Statischer-Content/Statistiken/Themen-im-Fokus/Frauen-und-Maenner/generische-Publikationen/Frauen-Maenner-Arbeitsmarkt.pdf.

Bundesagentur für Arbeit. (2021b). *Die Arbeitsmarktsituation von Frauen und Männern 2020. Bundesagentur für Arbeit.* https://statistik.arbeitsagentur.de/DE/Statischer-Con tent/Statistiken/Themen-im-Fokus/Frauen-und-Maenner/generische-Publikationen/Fra uen-Maenner-Arbeitsmarkt.html?__blob=publicationFile.

Bundesagentur für Arbeit. (2021c). *Entgelte nach Berufen im Vergleich.* https://statistik. arbeitsagentur.de/DE/Navigation/Statistiken/Interaktive-Statistiken/Entgelte-Berufe/Ent gelte-nach-Berufen-im-Vergleich-Nav.html.

Bundesministerium der Justiz und für den Verbraucherschutz. (2020). Richtlinie „Gesellschaft der Ideen – Wettbewerb für Soziale Innovationen". Förderung der Entwicklung von Sozialen Innovationen. *Bundesanzeiger* 6.5.2020, 2–14.

Burel, S. (2020). (Fe)Male leadership? Female leadership! In S. Burel (Hrsg.), *Quick guide female leadership* (S. 11–28). Springer. https://doi.org/10.1007/978-3-662-61303-0_2.

Butler, J. (2002). *Gender trouble.* Routledge.

Chmielorz, M. (2017). Zwischen Betroffenheit und Professionalität. In D. Franke-Meyer & C. Kuhlmann (Hrsg.), *Soziale Bewegungen und Soziale Arbeit.* Springer VS. https://doi.org/10.1007/978-3-658-18591-6_19.

Connell, R. (2015). *Der gemachte Mann. Springer Fachmedien.* https://doi.org/10.1007/978-3-531-19973-3.

Deci, E., & Ryan, R. (1993). Die Selbstbestimmungstheorie der Motivation und ihre Bedeutung für die Pädagogik. *Zeitschrift für Pädagogik, 39*(2), 223–238.

Literatur

Degele, N. (2019). Intersektionalität: Perspektiven der Geschlechterforschung. In B. Kortendiek, B. Riegraf, & K. Sabisch (Hrsg.), *Handbuch Interdisziplinäre Geschlechterforschung* (Vol. 65, S. 341–348). Springer Fachmedien. https://doi.org/10.1007/978-3-658-12496-0_32.

Heinrich-Böll-Stiftung. (2021). *EUMA2021, Women on the Move: Sustainable Mobility and Gender.* Lizenz CC-BY-SA 4.0. https://eu.boell.org/en/women-on-the-move-sustainable-mobility-and-gender. letzter Zugriff 5.10.2023.

Di Iacovo, F. (2020). Social farming evolutionary web: From public intervention to value co-production. *Sustainability, 12*(13), 5269. https://doi.org/10.3390/su12135269.

Domeier, M. (2020). Grundlagen & Konzepte. In M. Kottbauer & A. Klein (Hrsg.), *Unternehmerische Entscheidungen systematisch vorbereiten und treffen.* Haufe.

Dreas, S. A. (2019). Diversity Management in Organisationen der Sozialwirtschaft: Eine Einführung. *Springer Fachmedien.* https://doi.org/10.1007/978-3-658-20546-1.

Duffy, M. (2011). *Making care count: A century of gender, race, and paid care work.* Rutgers University Press.

Düll, N., & Vetter, T. (2020). *Die Beschäftigungssituation und die soziale Lage in Deutschland.* Fachabteilung Wirtschaft, Wissenschaft und Lebensqualität Europäisches Parlament. https://www.europarl.europa.eu/RegData/etudes/STUD/2020/648803/IPOL_STU(2020)648803_DE.pdf. letzter Zugriff 5.10.2023.

Eggers, T., Grages, C., & Pfau-Effinger, B. (2022). Care-Politiken, soziale Risiken und Geschlechterungleichheit im internationalen Vergleich. In U. Knobloch, H. Theobald, C. Dengler, A.-C. Kleinert, C. Gnadt, & H. Lehner (Hrsg.), *Caring Societies – Sorgende Gesellschaften.* Juventa.

Elam, A., Hughes, K., Guerrero, M., Hill, S., Nawanpalupi, C., del Mar Fuentes, M., Dianez Gonzalez, J. P., Nicolas Martínez, C., Rubio Banon, A., Chabrak, N., Brush, C., Baumer, B., & Heavlow, R. (2021). *Women's entrepreneurship 2020/21: Thriving through crisis* (S. 146). Global Entrepreneurship Monitor.

Engel, O. (2021). Professoren mit Migrationshintergrund: Benachteiligte Minderheit oder Protagonisten internationaler Exzellenz. *Springer Fachmedien.* https://doi.org/10.1007/978-3-658-32411-7.

European Commission. (2020). *Gendered innovations 2: How inclusive analysis contributes to research and innovation: Policy review.* Publications Office. https://doi.org/10.2777/316197.

European Commission, Directorate General for Employment & Social Affairs and Inclusion. (2021). *Impact of the European Commission's Social Business Initiative (SBI) and its follow-up actions: Final report.* Publications Office. https://doi.org/10.2767/463497.

European Commission, Directorate General for Employment, Social Affairs and Inclusion & Fondazione Giacomo Brodolini. (2018). *ESF performance and thematic reports: The ESF support to social innovation: Final report.* Publications Office. https://doi.org/10.2767/52176.

Eurostat. (2022). *Erwerbstätigenquoten nach Geschlecht, Alter und Staatsangehörigkeit (%).* https://ec.europa.eu/eurostat/databrowser/view/LFSA_ERGAN$DV_580/default/bar?lang=de&category=eq.eq_age.eq_alm.

Eurostat. (2023). *Part-time employment as a percentage of the total employment, by sex and age.* https://ec.europa.eu/eurostat/databrowser/view/LFSQ_EPPGA__custom_4823451/default/bar?lang=en.

Fastabend, E., & Wildfeuer, A. G. (2022). „Der, fremde Mann' und seine Sexualität". Die Kölner Silvesternacht 2015/16 als Wendepunkt im medialen Diskurs über männliche Flüchtlinge – Ergebnisse eines Studienprojekts. *Migration und Soziale Arbeit, 4*, 345–350.

Finis Siegler, B. (2018). Meritorik in der Sozialwirtschaft. In W. Grillitsch (Hrsg.), *Gegenwart und Zukunft des Sozialmanagements und der Sozialwirtschaft* (S. 35–57). Springer.

Finis Siegler, B. (2021a). Entwicklung einer Ökonomik Sozialer Arbeit aus der Retrospektive. *Springer Fachmedien.* https://doi.org/10.1007/978-3-658-33367-6.

Finis Siegler, B. (2021b). Meritorik in der Sozialwirtschaft. Warum die Sozialwirtschaft ein anderes Ökonomiemodell braucht. In B. Finis Siegler (Hrsg.), *Entwicklung einer Ökonomik Sozialer Arbeit aus der Retrospektive* (S. 229–252). Springer Fachmedien. https://doi.org/10.1007/978-3-658-33367-6_15.

Foucault, M. (1969). *L'archéologie du savoir.* Gallimard.

fowid Forschungsgruppe Weltanschauungen in Deutschland. (2022). *Religionszugehörigkeiten in Deutschland.* https://fowid.de/meldung/religionszugehoerigkeiten-2021. letzter Zugriff 5.10.2023.

Herzberg, F. (1968). One more time: How do you motivate employees? *Harvard Business Review, 46,* 53–62.

Fraser, N. (2016). *Die halbierte Gerechtigkeit* (3. Aufl.). Suhrkamp.

Frau und Beruf Baden-Württemberg. (o. J.). *Landesportal frau und beruf Baden-Württemberg.* https://www.frauundberuf-bw.de/. letzter Zugriff 4.10.2023.

Frau und Beruf Baden-Württemberg. (o. J.). *Die MINT-Frau.* https://www.frauundberuf-bw.de/frauen-in-mint-berufen. letzter Zugriff 4.10.2023.

Frau und Beruf Baden-Württemberg. (o. J.). *Familienfreundlichkeit als Wettbewerbsfaktor auf dem Fachkräftemarkt.* https://www.frauundberuf-bw.de/familienfreundlichkeit-familienfreundliche-unternehmen. letzter Zugriff 4.10.2023.

Friedrich-Ebert-Stiftung. (2007). Gender budgeting: Neue Perspektiven für die Gleichstellungspolitik. Forum Politik und Gesellschaft. https://library.fes.de/pdf-files/do/04423.pdf.

Funk, W. (2018). *Gender studies.* UTB.

Ganz, K., & Hausotter, J. (2020). *Intersektionale Sozialforschung.* Transcript. https://doi.org/10.14361/9783839445143.

Gramm, V., Dalla Torre, C., & Membretti, A. (2020). Farms in progress-providing childcare services as a means of empowering women farmers in South Tyrol Italy. *Sustainability, 12*(2), 467. https://doi.org/10.3390/su12020467.

Haubner, T. (2018). Dienstboten der Nation: Ausbeutung informeller Laienpflege und die Revitalisierung eines totgeglaubten Klassikers. *Österreichische Zeitschrift Für Soziologie, 43*(3), 267–282. https://doi.org/10.1007/s11614-018-0313-y.

Haug, F. (2013). Zeit, Wohlstand und Arbeit neu definieren. In Konzeptwerk Neue Ökonomie e. V. (Hrsg.), *Zeitwohlstand: Wie wir anders arbeiten, nachhaltig wirtschaften und besser leben* (S. 26–57). Oekom.

Henschel, A. (2019). Frauenhauskinder und ihr Weg ins Leben: Das Frauenhaus als entwicklungsunterstützende Sozialisationsinstanz. Budrich. https://doi.org/10.2307/j.ctvfc53g2.

Hirschfeld, D. A., Gilde, J., Wöss, N., & Müller, B. (2020). *Female Founders Monitor.* Bundesverband Deutsche Startups e. V.

Literatur

Hofbauer, R. (2016). Soziale Innovation als neues Leitbild für soziale Entwicklung? *Zeitschrift für Zukunftsforschung, 5*(1), 5–22. https://nbn-resolving.org/urn:nbn:de:0009-32-44841.

Hüttemann, M., & Parpan-Blaser, A. (2012). Innovation in der Sozialen Arbeit: Ein altbekanntes Phänomen und ein neues Forschungsgebiet. *Schweizerische Zeitschrift für Soziale Arbeit = Revue suisse de travail social, 12*, 75–98. https://doi.org/10.5169/SEALS-832466.

International Monetary Fund. (2013). Jobs and Growth – Analytical and Operational Considerations for the Fund. Policy Papers, 2013 (18). https://doi.org/10.5089/9781498342148.007.

International Monetary Fund IMF. (2022a). The 20 countries with the largest gross domestic product (GDP) in 2021. World Economic Outlook Database October 2021. *Statista.* https://www-statista-com.pxz.iubh.de:8443/statistics/268173/countries-with-the-largest-gross-domestic-product-gdp/.

International Monetary Fund IMF. (2022b). Germany: Gross domestic product (GDP) per capita in current prices from 1987 to 2027. *Statista.* https://www-statista-com.pxz.iubh.de:8443/statistics/295465/germany-gross-domestic-product-per-capita-in-current-prices.

Irigaray, L. (1991). *Die Zeit der Differenz.* Campus.

Jahncke, H., Rebmann, K., & Stock, M. (2019). *(Selbst-)Reflexionsfähigkeit: Modellierung, Differenzierung und Beförderung mittels eines Kompetenzentwicklungsportfolios.* Hampp.

Jung, C., & Morner, M. (2016). Das Glasperlenspiel der intrinsischen Motivation – Führungskräfte zwischen gemeinsamen Werten und eigener Verantwortung. *Zeitschrift für Wirtschafts- und Unternehmensethik, 17*(2), 236–258. https://doi.org/10.5771/1439-880X-2016-2-236.

Kaplan, S., & VanderBrug, J. (2014). The rise of gender capitalism. *Stanford Social Innovation Review.* https://doi.org/10.48558/BVFT-E655.

Khan, F. R., Munir, K. A., & Willmott, H. (2007). A dark side of institutional entrepreneurship: Soccer balls, child labour and postcolonial impoverishment. *Organization Studies, 28*(7), 1055–1077. https://doi.org/10.1177/0170840607078114.

Kirchhoff-Kestel, S., & Morgenroth, T. (2021). Frauen in Vorständen der Diakonie – Erfolgsfaktoren und Stolpersteine. 11. *Verbands-Management (VM) – Fachzeitschrift für Verbands- und Nonprofit-Management, 47*(3), 34–43.

Klaus, D. (2010). Kinderkosten und Familiengründung: Erste Befunde einer Prüfung der Neuen Haushaltsökonomie unter Verwendung von Paardaten. *Journal of Family Research, 22*(1), 109–129. https://doi.org/10.20377/jfr-293.

Kloha, J. (2018). Identifikation und Befremdung: Eine Fallstudie zur professionellen Sozialisation einer angehenden Sozialarbeiterin mit einer Migrationsgeschichte. *Zeitschrift für Qualitative Forschung, 19*(1–2), 217–232. https://doi.org/10.3224/zqf.v19i1-2.14.

Knobloch, U. (Hrsg.). (2019). *Arbeitsgesellschaft im Wandel. Ökonomie des Versorgens: Feministisch-kritische Wirtschaftstheorien im deutschsprachigen Raum.* Juventa.

Knopp, R., & van Rießen, A. (2020). Das Handlungsfeld Sozialraum aus der Perspektive Sozialer Arbeit: Gemeinwesenarbeit – Sozialraumarbeit – Quartiersmanagement. In M. Burmester, S. C. Funk, D. Ziseis, J. Friedemann, & S. Kühnert (Hrsg.), *Die Wirkungsdebatte in der Quartiersarbeit* (S. 3–17). VS Springer.

Köhler, K., & Goldmann, M. (2010). Soziale Innovation in der Pflege – Vernetzung und Transfer im Fokus einer Zukunftsbranche. In J. Howaldt & H. Jacobsen (Hrsg.), *Soziale Innovation* (S. 253–270). VS Verlag. https://doi.org/10.1007/978-3-531-92469-4_14.

Körner, A., & Reichl, J. (2018). Berufswege in der Sozialwirtschaft – Vom Beruf zur Berufung? In be/pe/so Berufswege und Personalentwicklung in der Sozialwirtschaft (Hrsg.), *Potentiale entfalten, Zukunft gestalten – Personal- und Organisationsentwicklung in der Sozialwirtschaft* (S. 22–25), be/pe/so.

KOFA Kompetenzzentrum Fachkräftesicherung. (2022). *Frauen als Fachkräfte gewinnen.* https://www.kofa.de/mitarbeiter-finden/zielgruppen/frauen/. letzter Zugriff 4.10.2023.

Kohaut, S., & Möller, I. (2019). Frauen in leitenden Positionen: Leider nichts Neues auf den Führungsetagen. *IAZ-Kurzbericht, 23*(8), 1–7.

Kopp, R., & Schwarz, M. (2017). Industrie 4.0 aus der Perspektive sozialer Innovationen. *WSI-Mitteilungen, 70*(2), 89–97. https://doi.org/10.5771/0342-300X-2017-2-89.

Koppel, O., Röben, E., & Wojda, J. (2019). Der Beitrag weiblicher Erfinder zu deutschen Patentanmeldungen, *IW-Trends* 1. Institut der deutschen Wirtschaft Köln e. V.

Kuster, F. (2019). Mann – Frau: Die konstitutive Differenz der Geschlechterforschung. In B. Kortendiek, B. Riegraf, & K. Sabisch (Hrsg.), *Handbuch Interdisziplinäre Geschlechterforschung,* 65 (S. 3–12). Springer Fachmedien Wiesbaden. https://doi.org/10.1007/978-3-658-12496-0_3.

Laib, A. (2019). Schwarmintelligenz – mehr als ein Modebegriff? In M. W. Fröse, B. Naake, & M. Arnold (Hrsg.), *Führung und Organisation* (S. 231–248). Springer Fachmedien Wiesbaden. https://doi.org/10.1007/978-3-658-24193-3_12.

Lange, R. (2010). Gender Mainstreaming: Stand und Perspektiven in Organisationen der Sozialen Arbeit. In C. Engelfried & C. Voigt-Kehlenbeck (Hrsg.), *Gendered Profession – Soziale Arbeit vor neuen Herausforderungen in der zweiten Moderne* (S. 173–192). VS Verlag.

Laux, H., Gillenkirch, R. M., & Schenk-Mathes, H. Y. (2018). Probleme und Lösungskonzepte der Entscheidungstheorie: Ein Überblick. In H. Laux, R. M. Gillenkirch, & H. Y. Schenk-Mathes (Hrsg.), *Entscheidungstheorie* (S. 3–30). Springer. https://doi.org/10.1007/978-3-662-57818-6_1.

Logue, D. (2019). *Theories of Social Innovation.* Elgar.

Maier, F. (2019). Wirtschaftswissenschaften: Entwicklungen der feministischen Ökonomik. In B. Kortendiek, B. Riegraf, & K. Sabisch (Hrsg.), *Handbuch Interdisziplinäre Geschlechterforschung* (Bd. 65, S. 643–650). Springer Fachmedien. https://doi.org/10.1007/978-3-658-12496-0_129.

van Manen, M. (1977). Linking ways of knowing with ways of being practical. *Curriculum Inquiry, 6*(3), 205. https://doi.org/10.2307/1179579.

Maslow, A. (1943). A theory of human motivation. *Psychological Review, 50,* 370–396.

McNay, L. (2008). *Against recognition.* polity.

Merenheimo, P. (2016). „The good, the bad and the ugly": Societal understandings framing opportunities for female entrepreneurship in care. *International Journal of Innovation and Regional Development, 7*(2), 77–96. https://doi.org/10.1504/IJIRD.2016.077879.

Methfessel, B. (2020). Maslows Bedürfnistheorie und ihre Bedeutung für die Fachdidaktik. *Haushalt in Bildung & Forschung, 9*(1), 69–86. https://doi.org/10.3224/hibifo.v9i1.05.

Mickey, E., & Smith-Doerr, L. (2022). Gender and innovation through an intersectional lens: Re-imagining academic entrepreneurship in the United States. *Sociology Compass, 16*(3), o. S. https://doi.org/10.1111/soc4.12964.

Möller-Slawinski, H., & Jurzok, F. (2021). *Situation von Frauen mit Schwerbehinderung am Arbeitsmarkt*. SINUS Markt- und Sozialforschung.

Morais Maceira, H., Limanowska, B., Tsoutsias, D., European Institute for Gender Equality, & European Institute for Gender Equality. (Hrsg.). (2017). *EU and member states overviews*. Publications Office of the European Union. https://doi.org/10.2839/531135.

Norman, D. A., & Verganti, R. (2014). Incremental and radical innovation: Design research vs Technology and Meaning Change. *Design Issues, 30*(1), 78–96. https://doi.org/10.1162/DESI_a_00250.

Northridge, N. (2019). *Valued: A participatory ethnography of the Gender lens investing movement*. PhD Thesis, University of Oxford.

Paech, N. (2022). Postwachstumsökonomie. In C. Meyer (Hrsg.), *Neue Ökologie. Transforming our World – Zukunftsdiskurse zur Umsetzung der UN-Agenda 2030, 7*, (S. 195–202). Transcript. https://doi.org/10.14361/9783839455579-013.

Panjas, J. (2014). *Caritas beschäftigt mehr Schwerbehinderte. Neue Caritas*. https://www.caritas.de/neue-caritas/heftarchiv/jahrgang2014/artikel/caritas-beschaeftigt-mehr-schwerbehinderte. letzter Zugriff 5.10.2023.

Paulitz, T. (2019). Parteilichkeit – Objektivität: Frauen- und Geschlechterforschung zwischen Politik und Wissenschaft. In B. Kortendiek, B. Riegraf, & K. Sabisch (Hrsg.), *Handbuch Interdisziplinäre Geschlechterforschung* (Bd. 65, S. 155–164). Springer Fachmedien. https://doi.org/10.1007/978-3-658-12496-0_10.

Peters, S. C. (2018). Defining social work leadership: A theoretical and conceptual review and analysis. *Journal of Social Work Practice, 32*(1), 31–44. https://doi.org/10.1080/02650533.2017.1300877.

Petschow, U., Lange, S., Hofmann, D., Pissarkoi, E., aus dem Moore, N., Korfhage, T., Schoofs, A., & Ott, H. (2018). *Gesellschaftliches Wohlergehen innerhalb planetarer Grenzen: Der Ansatz einer vorsorgeorientierten Postwachstumsposition*. Institut für ökologische Wirtschaftsforschung (IÖW). Umweltbundesamt. https://www.umweltbundesamt.de/publikationen/vorsorgeorientierte-postwachstumsposition.

Pimminger, I. (2019). Gleichheit – Differenz: Die Debatten um Geschlechtergerechtigkeit in der Geschlechterforschung. In B. Kortendiek, B. Riegraf, & K. Sabisch (Hrsg.), *Handbuch Interdisziplinäre Geschlechterforschung* (Bd. 65, S. 45–54). Springer Fachmedien Wiesbaden. https://doi.org/10.1007/978-3-658-12496-0_156.

Platt, L. F., & Milam, S. R. B. (2018). Public discomfort with gender appearance-inconsistent bathroom use: The oppressive bind of bathroom laws for transgender individuals. *Gender Issues, 35*(3), 181–201. https://doi.org/10.1007/s12147-017-9197-6.

Richters, O., & Siemoneit, A. (2019). *Marktwirtschaft reparieren: Entwurf einer freiheitlichen, gerechten und nachhaltigen Utopie*. Oekom, Gesellschaft für ökologische Kommunikation.

Röhr, U., Alber, G., & Göldner, L. (2018). *Gendergerechtigkeit als Beitrag zu einer erfolgreichen Klimapolitik: Forschungsreview, Analyse internationaler Vereinbarungen, Portfolioanalyse*. Umweltbundesamt. https://www.umweltbundesamt.de/publikationen/gendergerechtigkeit-als-beitrag-zu-einer.

Roller, K. (2020). Industrielle Beziehungen und Sorgearbeit Zeitschrift für Arbeit. *Organisation und Management, 26*(4–2019), 407–424. https://doi.org/10.3224/indbez.v26i4.04.
Rosa, H., Strecker, D., & Kottmann, A. (2018). *Soziologische Theorien* (3. Aufl.). UVK.
Rübner, M., & Höft, S. (2019). Berufswahl als mehrdimensionaler Prozess. In S. Kauffeld & D. Spurk (Hrsg.), *Handbuch Karriere und Laufbahnmanagement* (S. 39–62). Springer. https://doi.org/10.1007/978-3-662-48750-1_1.
Rudolf, C. (2017). Gender Budgeting in deutschen Bundesländern. *Springer Fachmedien*. https://doi.org/10.1007/978-3-658-15933-7.
Samtleben, C., Schäper, C., & Wrohlich, K. (2019). Elterngeld und Elterngeld Plus: Nutzung durch Väter gestiegen, Aufteilung zwischen Müttern und Vätern aber noch sehr ungleich. *DIW Wochenbericht*. https://doi.org/10.18723/DIW_WB:2019-35-1.
Schabram, G. (2017). „*Kein Geschlecht bin ich ja nun auch nicht.*" Deutsches Institut für Menschenrechte. https://www.institut-fuer-menschenrechte.de/publikationen/detail/keingeschlecht-bin-ich-ja-nun-auch-nicht.
Scheele, A. (2018). Digital First – Gleichstellung Second? In A. Demirović (Hrsg.), *Wirtschaftsdemokratie neu denken* (S. 105–117). Westfälisches Dampfboot.
Schön, D. (1983). The reflective practitioner. How do professionals think in action. Basic Books.
Schößler, F. (2008). Einführung in die Gender Studies. *Akademie*. https://doi.org/10.1524/9783050049649.
Schreyögg, F. (2014). Gender Budgeting in der Sozialen Arbeit. *Sozial Extra, 38*(3), 29–33. https://doi.org/10.1007/s12054-014-0062-5.
Schürch, A., & van Holten, K. (2022). Sorgende Gemeinschaft als Beitrag zur Bewältigung der Sorgekrise: Ein Wolf im Schafspelz? In U. Knobloch, H. Theobald, C. Dengler, A.-C. Kleinert, C. Gnadt, & H. Lehner (Hrsg.), *Arbeitsgesellschaft im Wandel. Caring Societies – Sorgende Gesellschaften: Neue Abhängigkeiten oder mehr Gerechtigkeit?* (S. 264–293). Juventa.
Serries, C. (2005). *Die Bedeutung der intrinsischen Motivation in Prinzipal-Agent-Beziehungen am Beispiel der Beratungsstellen kirchlicher Wohlfahrtsverbände*. Georg-August-Universität Göttingen.
Skachkova, P. (2007). Academic careers of immigrant women professors in the U.S. *Higher Education, 53*(6), 697–738.
Spivak, G. C. (1994). *Can the subaltern speak?* Columbia University Press.
Stadt Freiburg im Breisgau. (o. J.). *Gender Budgeting: Gleichstellungsorientierte Haushaltssteuerung in Freiburg*. https://www.freiburg.de/pb/205980.html?fontZoom. letzter Zugriff 4.10.2023.
Statistisches Bundesamt (Destatis). (2017). Verdienste auf einen Blick. https://www.destatis.de/DE/Themen/Arbeit/Verdienste/Verdienste-Branche-Berufe/Publikationen/Downloads/broschuere-verdienste-blick-0160013179004.html.
Statistisches Bundesamt (Destatis). (2019). *Öffentliche Sozialleistungen. Lebenslagen der behinderten Menschen, Ergebnis des Mikrozensus 2019*. https://www.destatis.de/DE/Themen/Gesellschaft-Umwelt/Gesundheit/Behinderte-Menschen/Publikationen/Downloads-Behinderte-Menschen/lebenslagen-behinderter-menschen-5122123199004.pdf?__blob=publicationFile.
Statistisches Bundesamt (Destatis). (2022a). *Anteil der erwerbstätigen Eltern in Elternzeit an allen erwerbstätigen Eltern nach Geschlecht in Deutschland im Jahr 2019*. https://de-

Literatur

statista-com.pxz.iubh.de:8443/statistik/daten/studie/1125752/umfrage/elternzeitquote-nach-geschlecht-in-deutschland/.
Statistisches Bundesamt (Destatis). (2022b). *Anteil der 25- bis unter 35-jährigen Personen mit (Fach-)Hochschulabschluss 2005–2021.* https://www.destatis.de/DE/Themen/Gesellschaft-Umwelt/Bevoelkerung/Migration-Integration/Tabellen/integrationsindikatoren-personen-mit-hochschulabschluss.html.
Statistisches Bundesamt (Destatis). (2023a). *Verdienstunterschied zwischen Männern und Frauen.* https://www.destatis.de/DE/Themen/Arbeit/Verdienste/Verdienste-Gender PayGap/_inhalt.html.
Statistisches Bundesamt (Destatis). (2023b). *Frauenanteil in Führungspositionen 2021.* https://www.destatis.de/Europa/DE/Thema/Bevoelkerung-Arbeit-Soziales/Arbeitsmarkt/Qualitaet-der-Arbeit/_dimension-1/08_frauen-fuehrungspositionen.html;jsessionid=A10 7867C18BD9ECE92D206A865821ED6.live712.
Statistisches Bundesamt (Destatis). (2023c). *Bevölkerung. Migration und integration.* https://www.destatis.de/DE/Themen/Gesellschaft-Umwelt/Bevoelkerung/Migration-Integration/_inhalt.html.
Statistisches Bundesamt (Destatis). (2023d). *Bevölkerung in Privathaushalten nach Migrationshintergrund und höchstem beruflichen Bildungsabschluss.* https://www.destatis.de/DE/Themen/Gesellschaft-Umwelt/Bevoelkerung/Migration-Integration/Tabellen/migrationshintergrund-beruflicherabschluss.html.
Statistisches Bundesamt ifo-Institut. (2022). *Year-on-year change of the gross domestic product (GDP) in Germany from 2007 to 2021, with a forecast until 2024.* https://www-statista-com.pxz.iubh.de:8443/statistics/1322391/gdp-development-forecast-germany/.
Stiefel, E. (2019). Arbeit im Brennglas von Haushalt und Familie. In U. Knobloch (Hrsg.), *Arbeitsgesellschaft im Wandel. Ökonomie des Versorgens: Feministisch-kritische Wirtschaftstheorien im deutschsprachigen Raum* (S. 126–142). Juventa.
Stiglitz, J. E. (1997). *Economics: Second Edition.* Norton.
Stuhlmann, K., & Erpf, P. (2021). Frauen führen Nonprofit-Organisationen – Na und?. *VM Fachzeitschrift für Verbands- und Nonprofit-Management, 3,* 6–11.
Tessema, D. (2021). Technological Determinism versus Social Determinism, a Critical discussion. *Ethiopian Journal of Sciences and Sustainable Development,* 65–72. https://doi.org/10.20372/EJSSDASTU:V8.I2.2021.250.
Țicău, I. R., & Hadad, S. (2021). Technological determinism vs. social shaping of technology. The influence of activity trackers on user's attitudes. *Management Dynamics in the Knowledge Economy, 9*(2), 147–163.
Traue, B., Pfahl, L., & Schürmann, L. (2019). Diskursanalyse. In N. Baur & J. Blasius (Hrsg.), *Handbuch Methoden der empirischen Sozialforschung* (S. 565–583). Springer Fachmedien. https://doi.org/10.1007/978-3-658-21308-4_38.
Völker, S. (2019). Praxeologie und Praxistheorie: Resonanzen und Debatten in der Geschlechterforschung. In B. Kortendiek, B. Riegraf & K. Sabisch (Hrsg.), *Handbuch Interdisziplinäre Geschlechterforschung* (S. 509–518). Springer Fachmedien. https://doi.org/10.1007/978-3-658-12496-0_46.
Wachter, I., & Holz-Rau, C. (2022). Gender differences in work-related high mobility differentiated by partnership and parenthood status. *Transportation, 49*(6), 1737–1764. https://doi.org/10.1007/s11116-021-10226-z.

Waldschmidt, A. (2022). Disability studies. In R. Gugutzer, G. Klein, & M. Meuser (Hrsg.), *Handbuch Körpersoziologie 2* (S. 91–104). Springer Fachmedien.

Walgenbach, K. (2017). *Heterogenität – Intersektionalität – Diversity in der Erziehungswissenschaft* (2. Aufl.). UTB.

Wendt, W. (2018). *Wirtlich handeln in Sozialer Arbeit.* Budrich.

Werning, R. (2010). Inklusion zwischen Innovation und Überforderung. *Zeitschrift für Heilpädagogik, 8,* 284–291.

Wigren-Kristoferson, C., & Aggestam, M. (2021). Exploring the masculinization of innovation practice within a municipality. *International Journal of Gender and Entrepreneurship, 13*(3), 243–258. https://doi.org/10.1108/IJGE-11-2020-0189.

Woll, A. (2014). Volkswirtschaftslehre (16. Aufl.). Vahlen.

Wustmann, J. (2021). Jenseits der rhetorischen Modernisierung? Geschlechterwissen zwischen Essenzialismus und Konstruktivismus. In J. C. Nentwich & F. Vogt (Hrsg.), *(Un)doing Gender empirisch* (S. 191–221). Springer Fachmedien. https://doi.org/10.1007/978-3-658-32863-4_8.

Zachorowska-Mazirkiewicz, A. (2015). The concept of care in institutional and feminist economics and its impact on public policy. *Journal of Economic Issues, 49*(2), 405–413. https://doi.org/10.1080/00213624.2015.1042747.

SPRINGER NATURE

GPSR Compliance

The European Union's (EU) General Product Safety Regulation (GPSR) is a set of rules that requires consumer products to be safe and our obligations to ensure this.

If you have any concerns about our products, you can contact us on ProductSafety@springernature.com

In case Publisher is established outside the EU, the EU authorized representative is:

Springer Nature Customer Service Center GmbH
Europaplatz 3
69115 Heidelberg, Germany

The manufacturer's authorised representative in the EU is Springer Nature Customer Service Centre GmbH, Europaplatz 3, 69115 Heidelberg, Germany. If you have any concerns regarding our products, please contact ProductSafety@springernature.com

Printed and bound by CPI Group (UK) Ltd, Croydon, CR0 4YY

25/03/2026

02078173-0012